사소하지만 위대한

가족회의

사소하지만 위대한 가족회의

펴 낸 날/ 초판1쇄 2021년 12월 22일
지 은 이/ 김선우 박애랑
일러스트/ 이우현

펴 낸 곳/ 도서출판 기역
펴 낸 이/ 이대건
편　　집/ 책마을해리

출판등록/ 2010년 8월 2일(제313-2010-236)
주　　소/ 전북 고창군 해리면 월봉성산길 88 책마을해리
　　　　　경기도 파주시 회동길 363-8
문　　의/ (대표전화)070-4175-0914, (전송)070-4209-1709

ISBN 979-11-91199-28-4　03330

작지만 큰 민주주의 교과서

사소하지만 위대한
가족회의

김선우 박애랑 지음

ㄱ

민주적인 가족회의를 하면
무엇이 좋을까?

가족회의 앞에 '민주적인'을 붙이면 어떤 게 달라질까. 위계질서를 벗어나 가족 모두가 동등한 발언권을 가지고 민주적으로 가족의 문제를 해결하는 것이라고 생각한다. 그리고 그러한 가족회의를 자녀와 함께하여 좀 더 적극적으로 하면 어떨까 하는 생각에서 책을 구상하였다.

대학원 때부터 이어온 아들러 심리학 스터디 모임에서 교수님이 항상 해 주신 말씀 덕분에 처음으로 가족회의를 해 봐야겠다는 생각을 했다.

"가족의 문제를 가족회의에서 이야기하면 좋아요. 가족회의는 유치원생보다 어려도 참여할 수 있어요. 민주적인 가족 분위기에서 민주적인 아이와 민주적인 학생이 길러지는 것이지요."

가족회의는 만병통치약처럼 들린다. 또한 '가화만사성'이란 말처럼 가정이 화목하면 모든 일이 잘되지 않겠는가. 그래서 실천해보았다.

가장 힘든 것은 아내를 설득하는 일이었다. 남편이 13년째 스터디 모임을 하고 있지만, 아내는 아들러 심리학에 대해 크게 관심을 두지 않았다. '심리학을 공부했으면서 자기 자녀는 왜 완벽하게 상담해주지 않는 거지'라는 생각도 있는 것 같았다. '자긴 과학과를 전공했으니 모르는 과학이 없겠네'라는 말이 목구멍까지 차오르지만 참는다. 이는 '선생님이면서 그 것도 몰라?'라는 말을 듣게 되는 것과 비슷하다. 무척 기분은 나쁘지만 크게 반발해서 얻을 게 없다.

가족회의는 혼자만의 힘으로는 되지 않는다. 가족 모두가 긍정적으로 생각하여 참여하였을 때 가능한 것이다. 일단 첫 번째 일은 아내를 설득하는 것이었다. 이 책을 읽는 누군가는 남편을 설득해야 할 것이고, 또는 부모님을 설득해야 할 것이다. 나는 아내를 설득했다. 음, 한 4년 걸린 것 같다. 가족회의 테이블에 물리적으로 앉게 하는 것은 쉬울 수 있지만, 꾸준히 가족회의를 하는 것은 어려운 과제이다. 또 무엇에 초점을 맞추었는가에 따라 가족회의의 성과의 정도는 천차만별이며 이를 통해 꾸준히 할 수 있는 동력을 얻을 수도 잃을 수도 있다. '그전보다 화목하게 이야기하고 있으니 성과 만점'이라고 할 수 있고, '하나도 해결 안 됐네'라면서 효과가 없다고 할 수도 있다.

처음에는 아주 작은 목표를 위해 시작해보는 것이 좋다. 아주 조그만 변화, 아주 작은 성과, 아주 조금이라도 나아지는 것이 중요하다. 문제는 이 것을 쉽게 알 수 없다는 것이다. 매우 세심히 관찰하고 살펴보고 알아차리려고 노력하지 않으면 알기 어렵다. 따라서 그것을 알아차리기 위해 모두가 격려하는 마음으로 시작하는 것이 필요하다. 실패하였더라도 그 노력에 대해 격려하듯, 금메달보다 노력하는 동메달을, 동메달보다 포기하지 않고 최선을 다하는 4등에게 더욱 박수를 보내는 마음가짐 말이다. 그 노력이 모이고 모여, 포기하지 않고, 큰 성과를 위해 나아가도록 격려하는 것이다.

학교에서도 이러한 격려와 용기를 주기 위해 노력하지만 20여 명의 학생에게 모두 관심과 사랑을 매일매일 빈틈없이 주기는 어렵다. 하지만 가정 안에서는 가능하지 않을까. 그 방법을 혼내고 잔소리하고, 서로를 힘들게 하는 것이 아니라 그 문제를 공유하여 가족의 문제로 끌어내고 해결하도록 함께 노력해보자.

4년이나 걸린 가족회의를 시도해도 될까? 너무 험난한 길이 아닐까. 그 4년 가운데 3년간은 아내를 설득하여 적극적으로 참여하게 하는 데 걸린 시간이라면 어떻게 생각하는가. 가족회의에 대한 준비는 '구성원이 한 번 해 보자' 하는 마음과 '성과가 더뎌도 괜찮아' 하는 마음만 있으면 충분하다고 생각한다.

가족회의가 하고 싶다면 이 책을 한 번 읽고 '가족회의 아무것도 아니네. 어렵지 않은 건데 나도 할 수 있겠다' 하여 모두 해보았으면 좋겠다. 그리고 '불완전할 수 있는 용기'를 갖고 계속해서 나아간다면 참 좋겠다. 이 책이 가족 구성원에게 '가족회의는 이런 점이 좋아'라고 설명할 수 있는 책이 되었으면 좋겠다.

매주 가족회의를 하면서 여러 가지 일들을 함께 의논하는 우리 가족과, 오익수 교수님을 비롯한 아들러 스터디 선생님, 많은 아이디어와 조언을 주신 최미석 선생님, 이 책의 출간을 허락하신 도서출판 기역 이대건 대표님, 꼼꼼한 편집을 맡아주신 책마을해리에 감사의 인사를 드린다. 덧붙여 광주광역시동·서부교육지원청 '선생님의 책을 출판해 드립니다'에 좋은 기획으로 선정되는 호사를 누리기도 했다.

격려가 넘치는 가족회의를 모두 함께하길 바란다.

2021년 11월 대표저자 김선우

*알프레드 아들러(1870~1937): 오스트리아의 정신의학자로, '개인 심리학'을 수립하였다. 초기 논문에서 개인의 열등감 문제을 다루었으며, 열등감에 대한 보상과 우월성 추구를 바탕으로 개인의 동기를 이해하고자 하였다. 또한 인간을 목적 달성을 위해 행동을 선택하는 목적론적 존재로 보았으며, 공동체 의식과 사회적 관심을 발달시키는 사회적 존재로 생각했다. 아울러 분석적 관점보다 통합적인 존재로 인간을 바라볼 것을 강조하였다.

| 차례 |

004 **프롤로그**_민주적인 가족회의를 하면 무엇이 좋을까?

011 **I. 어떻게, 가족회의?**

012 1. 가족회의 왜 하죠?

015 2. 민주적인 가족회의가 뭐예요?

018 3. 가족회의 형식이 필요한가요?

021 4. 가족회의 시작 어렵지 않아요

023 5. 가족회의 이렇게 해 봐요!

029 **II. 방구석 가족회의**

　　　 1. 가족회의에 놀러 와!

032 1) 찬영이가 계속 '메롱' 해요

038 2) 아빠 간식 못 먹어요

045 3) 가족회의의 꽃은 간식?

050 4) 아침시간 화장실 순번 정해요

056 5) 자동차 안 태워줄 거야

　　　 2. 가족회의로 뭉치자!

064 1) 가족여행 가요

071 2) 우리 운동해요

078 3) 책, 책, 책을 읽읍시다

085 4) 미니멀라이프 실천해요

3. 위기를 기회로!

091   1) TV·유튜브·게임 너무 많이 해요

096   2) 피아노 치는 시간 정해요

106   3) 찬영이가 변기 더럽게 써요

113   4) 하영이가 생각나는 대로 소리 지르고 화내요

122   5) 찬영아! 한 번만 먹어봐라. 응?

128   6) 엄마 과부하 줄이기

4. 가족회의를 즐기자!

136   1) 우리 가족 장래희망

142   2) 코로나시대 아이들 생일을 축하하는 방법

149   3) 스마트폰 캐시워크 대신 아빠 캐시워크

156   4) 아빠 엄마도 핸드폰 사용 시간 정해요

163   5) 안건이 하나도 없는데!

173   Ⅲ. 가족회의 Q&A

184   에필로그_가족회의가 우리 가족을 어떻게 달라지게 할까?

188   추천 글

191   참고문헌

I

어떻게,
가족회의?

1. 가족회의 왜 하죠?

오늘 아침 식사 시간. 찬영이는 식탁에 앉아 젓가락도 들지 않고 물만 달라고 하더니, "먹을 게 없어" 하며 밥을 먹지 않았다. 엄마는 그 모습이 꼴 보기 싫지만, 잔소리하면 시끄러워질 것 같아서 입술을 꾹 닫고 참는 기색이다. "먹을 게 없어." 더욱 부아가 나는지, 찬영이는 더 큰 소리로 투정을 한다. 엄마의 표정은 일그러지다 못해 찌그러지고 있다. 세기의 격돌을 맞이하려던 순간, 아빠가 급하게 끼어든다. "우리 가족회의에서 이야기하자." 엄마는 억지로 얼굴의 열을 식힌 듯한 표정을 지으며 아빠를 쳐다본다. "찬영이 편식하는 것을 안건으로 올릴게." 아빠는 일단 진정시키는 데는 성공했다고 생각하고 다시 말을 이어간다. "찬영이도 먹을 게 없으면 그만 먹고 가족회의 때 이야기하자."

가족은 매일 얼굴을 마주하며, 사소한 것 하나까지 서로가 부대끼며 생활하는 공동체이다. 좋은 일은 금세 모두의 얼굴을 웃게 하지만, 한 명이라도 시무룩하고 짜증을 내면 집안 공기가 달라지는 것을 모두가 느끼며, 그 영향을 받게 된다.

특히 부모는 자녀를 훈육해야 한다는 생각에 사소한 것 하나까지 지적

해야 하나 말아야 하나 고민한다. 자녀들은 잔소리를 어떻게 피해갈 수 있을까 또 내가 편한 대로 지내기 위해 어떻게 버틸까 하고 자신도 모르게 궁리하게 된다. 이것을 계속 두게 된다면 결국 작은 오해와 말 한마디로 폭발하게 되고, 그 관계는 순간 북극의 빙하보다 더 얼어붙게 된다. 물론 빠른 속도로 녹아내리면서 화해를 하게 되는 경우가 많지만, 그 온탕과 냉탕을 자주 오가게 되면 가족은 회복할 수 없는 사이가 될지도 모른다.

가족의 다양한 문제를 감정적이나 즉흥적으로 대처하기보다 좀 더 객관적이고 생산적인 방향으로 바꿔줄 수 있지 않을까? 나아가 가족회의가 가족의 협력과 응집력을 높이는 데 좋은 도구가 될 수는 없을까?

가족이라서 더 편하기 때문에 혹은 더 부담 없이, '가족이라서 괜찮겠지' 하고 오히려 함부로 행동하거나, 요구하는 일이 간혹 있다. 하지만 이러한 일이 반복되면 많은 오해와 갈등이 쌓이게 되고 점차 커다란 균열을 만들게 된다. 이러한 틈을 좀 더 체계적으로 예방하고 막을 수 있는 대안으로 가족회의를 제안하고자 한다.

이 책에서 소개하는 가족회의는 단순히 가족끼리 한 가지 일을 의논하는 데에만 집중하고 해결한 뒤 끝나는 일회성 회의가 아니다. 매주 혹은 격주 간격으로 규칙적이고 주기적으로 모여서 가족의 일을 함께 이야기 나누며, 평소 불만과 갈등을 포함한 여러 가족 일에 대해 가벼운 마음으로, 하지만 진지하게 의논한다. 그리고 결정된 사안을 실천하도록 서로 돕고 격려한다. 또한 끊임없이 실패하면서도 도전하는 회의이다. 이는 서로에게 부정적인 감정과 반응을 줄이고 긍정적인 감정과 활동으로 이끌 수 있다.

가족은 이 세상 어떤 구성원보다 모이기 좋으며, 이미 모여 있다. '회의해

요' 한마디면 시작할 수 있고, '다음 주에 다시 이야기해요' 하면 계속해서
할 수 있다. 무거운 주제는 '일단 지켜보고 다음 주에 논의해요'라고 말한
뒤 관찰하고 지켜볼 수 있다. 단지 '회의 시~작!'의 한마디가 필요할 뿐이
다. 가족의 진솔한 소통을 위해 '가족회의 시~작!'

2. 민주적인 가족회의가 뭐예요?

"자리에 와 앉아라."

"우리 민주적으로 이야기해보자."

"아빠 생각에는 말이야."

"왜 그렇게 안 되니?"

"왜 그렇게 행동하니? 이리 와서 이야기 좀 해 보자."

이와 같은 말로 하는 가족 간의 대화를 민주적인 분위기라고 부를 수 있을까? 많은 사람이 가족회의를 한다고 하면 회의보다는 훈육을 떠올리게 된다. 그 모습을 상상하면 무게를 잡고, 목소리에 힘을 넣고, 위압감을 주는 부모님을 생각하게 된다. 왠지 그렇지 않으면 충분히 자녀교육을 하지 않았다는 생각 때문인지도 모르겠다.

하지만 민주적인 가족회의는 달라야 한다고 생각한다. 기본 전제를 '모두가 동등한 인격체'라는 것에서 시작하고자 하기 때문이다. 즉 아동 인권을 가장 존중하면서 가족 간의 화합과 협력을 이끌어가는 것을 바탕으로 하고자 한다.

"민주적인 분위기 속에서 아이들은 현재 배우고 있는 것보다 훨씬 더 발전된 기술을 배울 수 있다."

— R. Dreikurs·Grunwald·Pepper(1998)

아들러는 학생 인권이 강화된 가운데 더욱 많은 것을 배울 수 있다고 했다. 다시 말해서 민주적인 분위기와 여건 속에서 더욱 많은 것을 배울 수 있다는 말이다. 학교에서만 민주적인 교실 운영과 민주적인 활동을 하고 인권을 강조한다고 해서 민주시민으로 자라날 수 있을까? 아닐 것이다. 학교에서의 활동과 가정에서의 활동이 연계되지 않는다면 자전거가 앞바퀴로만 굴러갈 수 없듯이 곧 쓰러지고 말 것이다. 오히려 뒷바퀴의 역할을 하는 가정에서의 든든한 뒷받침이 더욱 중요할 것이다.

민주적인 가족회의란 민주적인 학급회의의 가족 버전임과 동시에 민주적인 공동체의 힘을 생성하는 원동력이다. 민주적인 교육과 민주시민교육은 학교에서 배우고 실천하고 있지만, 학교에서의 교육이 개인이나 가정 깊숙이 영향을 못 미치는 경우가 많다. 하지만 민주적인 가족회의는 시작 자체가 가족 내부이므로 그 영향력과 파급력은 매우 클 것이다. 또한 민주적인 문화가 가족의 공동체 역량을 발전시키고 선순환하게 하여 가족 내 민주적 문화를 찬란하게 꽃피우는 데 매우 중요한 역할을 할 수 있다.

가족회의는 누구의 눈치를 볼 필요도 없고, 장소도 불문하며, 가족이 모일 수만 있으면 되기 때문에 거의 시간과 공간에 구애를 받지 않는다. 다만 함께 모여 "가족의 문제를 민주적으로 나누자"라는 약속이 필요할 뿐이다. 오히려 부모와 자녀라는 관계의 위계보다는 동등한 인권을 가지고, 있는 그대로를 존중하며, 수평적 관계에서 민주적으로 대화를 하겠다는 원칙이 매우 중요하다. 자칫 독재적인 가족회의로 흐를 수 있기에 민주적인 가족회의를 실천하겠다는 구성원 모두의 약속이 필요하다.

> 아이들을 독립적인 인격체로 바라보고 대하는 민주적인 부모가 되자.
> — 루돌프 드라이커스, 「민주적인 부모가 된다는 것」

아들러는 개인심리학을 통해 가족 구도나 생활양식의 중요성과 더불어 아동을 하나의 인격체로 존중하고 격려하며 스스로 성장하는 것에 관심을 두었다. 또 민주적인 학급 및 PDC,[1] 회복적 생활교육[2] 등 많은 분야에 영향을 끼쳤다.

민주적인 가족회의도 이러한 민주적인 공동체와 격려와 용기를 바탕으로 하는 아들러 심리학의 정신을 바탕으로 하여 운영하는 것을 제안한다. 이미 학교와 학급 현장에서는 아들러 개인심리학의 적용에 대한 연구가 매우 많이 되어 있고, 놀이치료 및 아동상담, 그리고 학급운영에서 매우 큰 효과를 거두고 있다. 이를 가족 안에서 적용한 것이 민주적인 가족회의이며 가족의 민주적인 분위기를 강화하고 가족의 회복력을 높이며, 건강한 가족의 시스템을 형성하는 데 가장 좋은 방법이라고 할 수 있다.

---

1) PDC: Positive Discipline In The Classroom의 약자로 학급긍정훈육법으로 번역됨. 아들러 심리학을 기반으로 한 내용을 학급에서 적용하는 훈육 법임.
2) 회복적 생활교육: 기존 생활교육의 대안으로 회복적 정의(Restorative Justice)의 교육적인 접근 방식.

3. 가족회의 형식이 필요한가요?

'개회선언-국민의례-안건토의-건의사항-폐회선언'처럼 딱딱한 형식은 필요하지 않다.

"뭘 먹을까?"

"누가 간식 정할래?"

"하영이 지난주에 하기로 한 것 정말 열심히 노력했더라!"

"안건은 카톡에 올렸니?"

"다음 주 간식은 내가 정할 거니까 양보해줄래?"

가족회의에서는 평소 하지 못했던 이야기를 나누며 궁금한 것을 묻고, 혹시나 쌓였을지 모르는 오해를 푸는 것이 중요하다. 장소도 필요하지 않다. 가족이 둘러앉아서 마주 볼 수 있는 공간만 있으면 된다. 가족회의의 순서는 가족이 정하면 된다. 다만 가족회의에 필요한 내용과 추천하고 싶은 내용을 정리하면 다음과 같다.

필요한 내용

0. 미리 안건을 모은다.

1. 안건 발의자가 설명한다.

2. 안건에 대한 의견을 논의한다.

3. 결정사항을 어떻게 실천할지 계획한다.

4. 다음 안건을 다룬다.

추천하고 싶은 내용

· 안건을 올릴 때는 카톡과 SNS 등 다양한 방법을 이용한다.

· 역할을 나눠 회의록을 쓴다(저학년의 경우는 부모가 맡고, 고학년의 경우는 조금씩 역할을 주자).

· 지난 시간 결정된 것에 대해서 노력한 점, 용기 낸 것에 대해 격려한다.

· 지난주 진행했던 것들을 살펴본다(잘된 것을 계속해나갈지, 안된 것을 어떻게 수정해서 할지).

· 간식을 준비한다.

많은 시행착오를 거친 후 우리 가족에 알맞은 내용은 다음과 같다.

1. 안건 모으기

2. 회의 시작하기

3. 지난 안건 점검하기

4. 이번 안건 소개하기(안건을 발의한 이유와 현재 우리 가족 상황 이야기하기)

5. 안건에 대한 의견 모으기 & 논의하기

6. 결정하기(지켜지지 않았을 때의 방법 정하기, 또는 일주일 보류하며 문제 상황을 주의 깊게 관찰한 후 / 일주일 후에 결정하기)

7. 결정된 내용 실천하기

8. 실천의 기간을 정하여, 다음 회기 또는 지속적으로 점검하기

앞의 순서는 우리 가족 맞춤형에 가깝기 때문에 '필요한 내용'을 중심으로 '추천하고 싶은 내용'을 참고하여 가족이 함께 정하는 것이 더 좋은 방법이라고 할 수 있다. 한 번 두 번, 한 달 두 달 해나가며 만들어가는 가족회의 순서야말로 자기 가족만의 특별한 순서이면서 가장 알맞은 순서이다.

하지만 회의 순서보다는 회의의 원칙이나 참여하는 가족의 태도가 더욱 중요하다. 형식보다는 내용과 분위기에 초점을 두고 진행하는 것이 가족회의와 다른 회의와의 차이점이지 않을까 생각된다.

4. 가족회의 시작 어렵지 않아요

"엄마 오늘 간식은 뭐예요?"

"가족회의 몇 시에 해요?"

"아빠! 오늘 몸무게 재는 날이야. ^ ^"

"엄마! 찬영이가 하나도 안 지켰어요."

"지난주보다 더 심하니, 조금 줄어들었니?"

"조금 줄어들었는데…."

"그래~! 그럼 찬영이가 노력했네."

영화 〈흐르는 강물처럼〉이나 비슷한 영화를 보면 온 가족이 식탁이 모여앉아 지난주에 무엇을 하였는지 등을 이야기하며 주말 만찬을 즐기는 모습을 볼 수 있다. 시시콜콜하지만 서로의 안부를 묻고 서로 도와줄 수 있는 것들에 관해 이야기 나누고, 특히 케이크와 고기 등 푸짐하게 차려진 식사 시간의 모습은 이국적이면서도 여유롭고 화기애애한 분위기를 느끼게 한다. 반면에 요즘 우리나라 아침드라마 속 식사 장면을 보면 대기업 회장이 가족에게 지시를 내리고, 아들들은 아버지의 재산을 더 얻기 위해 위선적인 모습을 보이는 장면이 자주 나온다. 앞서 말한 영화 속 장면과 비슷하게 식탁을 차려 놓았지만, 느껴지는 분위기는 전혀 다르다. 음모와 배신의 차가운 느낌이다.

가족이 만찬을 즐기거나 차를 마시며, 가족 간의 이야기와 문제를 해결하고 함께 도움을 주고 의견을 나누는 것이 가족회의의 시작이자 전부라고 생각한다. 하지만 현대인들은 옛날 영화나 아침드라마의 회장님 저택처럼 풍성한 식탁은 고사하고, 함께 차분히 차 한 잔 마실 시간도 내기 어렵다.

이에 다과를 준비하고 같이 먹는 것부터 시작하라고 추천하고 싶다. 너무 바빠서 다들 아침 식사 시간마저도 각자 하는 경우가 많지만 일주일에 저녁 한 번이라도 같이 모여 앉아 달콤한 간식을 먹으며 이야기를 나누는 것부터 말이다. 일단 모인다. 그리고 안부를 묻는다. 최소한으로 회의의 규칙을 정한다. 비난하지 않고, 서로에게 친절하게 이야기한다. 지난주에 생활하면서 있었던 일 중에 오해가 있었는지 묻고, 함께 사용하는 물건이 있다면 순서나 시간을 정한다. 함께해야 할 일 등을 논의한다.

만약 이것 중에서 한 가지라도 하고 있는 집이라면 이미 시작하고 있는 것이다. 그것을 지속적이고 정기적으로 운영하며 필요한 규칙을 정하고 안건을 논의해나간다면 가족회의의 출발점을 한참 넘어 달려가고 있는 것이다.

5. 가족회의 이렇게 해 봐요!

"오늘의 안건은 '화장실 불 끄기'입니다."

"오늘 첫 번째 안건에 대한 설명은 엄마가 해주세요."

"우리 가족은 화장실을 이용하고 불을 잘 끄지 않아요. 그래서 어떻게 하면 불을 잘 끌 수 있을지, 안 끄는 사람은 어떻게 해야 할지 정했으면 좋겠어요."

"화장실에 안내문을 붙여봐요!"

"안 끄는 횟수를 적고, 가장 많이 안 끈 사람에게는 화장실 사용허가제를 적용해요. 예를 들어 화장실 가기 전에 모두에게 허락받고 가기나 다른 화장실 사용하기."

"허락받고 가는 것은 말이 안 돼요."

"다른 화장실 가기 찬성이에요. 그 화장실 못 사용하게 해요."

"저도 찬성이에요."

"더 좋은 의견이 있다면 내주세요."

사소한 것부터 건강과 안전을 위한 중요한 것까지, 가족회의에서 다룰 수는 있는 것은 매우 많다. 가장 중요한 것은 가족회의에서 안건이나 문제를 다루면 해결된다는 성공 경험이다. 그 적은 노력과 변화에 기쁨을 느낀다면 가족회의에 조금씩 서서히 빠져들 것이다. 어느 순간 가족회의에서 문제를 이야기하기 위해 기다리고 있거나 열띠게 토론하고 있을지도 모른다.

가족회의의 원칙이나 방법들에 대한 연구는 부족한 편이다. 더욱이 민주적인 가족회의에 대한 연구는 더욱 빈약하다. 부부 상담이나 놀이치료에서 가족회의로 접근하거나 소개하고 있을 뿐이다. 다행히 '용기의 심리학'이라 불리는 아들러 심리학을 통해 부모와 교사를 위한 다양한 연구를 접하면서 가족회의의 가능성을 찾을 수 있었다. 이를 바탕으로 실제 가족회의를 하면서 다양한 경험과 시행착오를 거쳤고, 몇 가지 원칙들을 정리해보았다.

경청하기

가족회의는 서로에게 무엇이든 편하게 이야기할 수 있다는 최고의 강점을 가지고 있다. 하지만 자칫 무례하거나 무질서할 수도 있기에 최소한의 예의는 지켜야 한다. 그중에서도 토의의 기본 규칙처럼 상대방의 말을 잘 들어주는 것이 가장 중요하겠다. 이는 경청이라는 말로 바꾸어 설명할 수 있다. 경청은 회의에서 가장 기본이 되듯 나이와 상관없이 잘 들어주는 것이 꼭 필요하며, 가장 큰 원칙이라고 할 수 있다. 경청을 넘어 말이나 내용뿐만 아니라 모든 감각을 이용해 의도와 감정까지 알아차리는 단계로 나아간다면 가족회의의 수준을 높여가는 데 더욱 큰 도움이 될 것이다.

일단 시작하기

가족회의도 '시작이 반'이라는 말처럼 일단 시작하는 것이 중요하다. 시작을 뛰어넘어 정기적이고 주기적인 가족회의가 이루어진다면 가족의 큰 문화로 자리 잡을 수 있고, 가족의 여러 문제를 해결할 수 있는 훌륭한 토대가 될 것이다.

정기적으로 실시하기

가족회의는 지속적이고 정기적으로 실시해야 한다. 임시적이고 일시적인 가족회의는 이벤트성이거나 강요에 의해 이루어지기 쉽다. 민주적인 가족회의를 위해서는 되도록 정기적으로 운영했을 때 가능하다. 가족회의에서 안건을 내면 논의가 이루어지고 결론이 나오고 해결되는 과정이 매주 또는 정기적으로 이루어짐으로써 가족회의의 의미와 위치가 강화되기 때문이다.

문제 해결에 초점 두기

문제에 대해 감정적으로 접근할 경우 오히려 가족회의를 하면서 더 큰 감정의 골이 생긴다. 그것 자체도 문제를 덮어두는 것보다는 나쁘지 않다. 하지만 문제 해결에 초점을 두고 이성적으로 접근해 의견을 나누고 방법을 모색하면 감정의 소모를 줄일 수 있고, 가족의 협력을 이끄는 데 훨씬 효과적이다.

3R1H를 기준으로 규칙 정하기

어떤 문제에 대해 상이나 벌로 이루어진 해결방법은 그 지속성과 근본적인 해결에 도움이 되지 않는다. 이에 아들러 심리학에서는 처벌과 대비되는 것으로 논리적 결과의 적용을 강조하며, 논리적 결과[3]의 평가 기준으로

---

3) 논리적 결과: 아들러 심리학에서 처벌 대신 논리적인 결과와 관련하여 경험하도록 하는 훈육 방식.

는 3R1H를 추천한다.[4] 이 3R1H[5]로 가족회의의 규칙을 정하는 것이 민주적으로 가족회의를 이끌어가는 데 도움이 될 것 같다. 3R1H는 관련성, 존중, 합리성, 도움을 이야기하며 이를 바탕으로 규칙을 정하는 것이다. 자세히 살펴보면,

첫째, 그 문제와 관련 있는(Related) 방식의 규칙이 필요하다. 예를 들어 전등을 잘 끄지 않는 문제에 대한 규칙으로 벌금이나 벌을 주는 방식이 아니라, 전등 이용에 제한을 두거나 전등과 관련하여 규칙을 정하는 것이다.

둘째, 존중하는(Respectful) 태도가 중요하다. 규칙을 정할 때 강제성이나 억압적인 방법이 아닌 직접 선택할 수 있는 존중의 방식이 필요하다. 선택할 수 있는 방식을 제안하고 스스로 선택하도록 하는 것이다. 선택하지 못할 경우 다른 대안을 제시하도록 하거나 다음 회의 때까지 보류할 수 있다.

셋째, 합리적인(Reasonable) 방법이어야 한다. 불가능한 것을 요구하거나 무리한 규칙으로 몰아붙이는 것은 전혀 도움이 되지 않는다. 부족하더라도 실현 가능하고 스스로 할 수 있는 범위에서 정하는 것이 좋다.

마지막으로 문제 해결에 도움이(Helpful) 되는 것이어야 한다. 실천과정이 구성원의 훈련이나 노력의 과정과 관련되어 도움이 된다면 더욱 좋을 것이다.

간식 준비하기

맛있는 음식과 간식은 회의에 참여하고 결과를 부드럽게 받아들이게 하며 때론 가족회의를 기다리게 하기도 한다. 또 서로 친밀감을 높이는 데 더욱 효과적이다.

---

4) 유리향, 선영운, 오익수, 『교사를 위한 아들러 심리학』, 학지사(2018), 216쪽 참조.
5) 3R1H: 관련성(Related), 존중(Respectful), 합리성(Reasonable), 도움(Helpful)으로 학급긍정훈육법(PDC)에서 논리적 결과를 적용할 때 평가 기준으로 제시함.

문제 해결에 다양한 기간을 설정하기

안건의 해결이 일회성으로 끝나는 경우도 많다. 하지만 지속적이고 장기적으로 점검하여 습관으로 정착되게 하거나, 상호관계가 긍정적으로 변하도록 하는 것도 필요하다. 일회성으로 끝나는 것은 자칫 '그때뿐이네' 하는 느낌을 줄 수 있다. 재발하는 문제는 다시 상정할 필요도 있으며, 몇 주 또는 몇 달에 걸쳐 점검하여 단순히 말로 넘어가는 것이 아니라 실천하고 있음을 공유해야 한다.

역할을 분담하기

가족회의에서 부모나 어느 한 사람에게 역할이 과도하게 주어져 다른 구성원이 방관자처럼 되지 않도록 하는 게 중요하다. 각자 역할이 있고, 주체적으로 참여하는 방법을 모색해 나가는 것이 필요하다. 처음에는 한 사람이 주도해 시작할 수 있겠지만 점차 역할을 분담하고 진행하며 함께 만들어가는 것이 좋다.

노력과 시도에 격려하고 용기 주기

실패는 시도한 사람이 가질 수 있는 영광이지 않을까? 시작하고 노력하고 다시 시도하는 것 그 자체만으로도 훌륭하다. 그 과정에서 격려하고 용기를 준다면 자존감이 높아지고 가족공동체에 대한 소속감 또한 강화될 것이다. 또 가족의 격려는 그 어떤 격려보다 강력한 힘을 준다.

회의록을 작성하고 결정 사항 공지하기

가족의 담화, 즉 이야기와 회의의 가장 큰 차이는 회의록이지 않을까? 가족 간의 단순한 대화를 회의록으로 남기지는 않는다. 하지만 가족회의는 학급회의나 공식적인 토론회처럼 회의록을 남긴다. 이는 공식적이라는 의미를 지닌다. 가족회의의 형식은 제각각이며 비형식적일 수 있지만, 회의록을 남김으로써 공식적인 회의가 되고 그 결과 또한 공지되며 점검된다. 그 과정은 꼭 필요하며, 이것은 가족회의를 통한 변화를 기록으로 남게 하고, 후에 가족의 역사가 될 수 있다.

중단하지 않고 계속 회의하기

가족회의는 대외적으로는 비공식적이기에 변경과 취소가 자주 있을 수 있다. 하지만 그 속에서도 중단하지 않는 것이 가장 중요하다. 처음 시작하는 것도 어렵지만, 다시 시작하는 것 또한 결코 쉽지 않다. 되도록 취소보다는 간단하게 하더라도 가족회의를 실시하고 두 번 이상 취소하지 않아야 한다. 가족회의는 단기적인 성과를 바라고 하는 것이 아니다. 장기적으로 관계와 문제를 관리하는 데 초점이 있다. 따라서 간단하더라도 계속해서 하는 것이 무엇보다 중요하며 꾸준히 계속되어야 한다.

가족회의에 대한 여러 가지 원칙과 방법을 안내하였는데, 가장 중요한 것을 꼽으라고 한다면 무엇보다 '일단 시작하기'와 '꾸준히 계속하기'이다. 가족마다 가족의 고유한 문화와 분위기가 있기에 규칙과 방법에 정답은 없다. 하지만 가족회의를 시작하여 꾸준히 하는 것은 가족 구성원의 관계를 돈독히 하고, 문제 해결에 큰 도움을 준다. 그러니 멈추지 말고 꾸준히 '가족회의 시작!'을 외쳐보자.

Ⅱ
방구석
가족회의

가족회의를 어떻게 소개하면 좋을까? 최대한 생생하게 전달하는 것이 가장 중요할 것이란 생각이 든다. 그래서 가족회의의 모습을 최대한 있는 그대로 한 편의 시트콤을 보듯 구성하였다. 하지만 그 속에 들어 있는 진지함을 담기 위해 솔직담백하게 쓴 만큼 가족이 가진 문제를 풀어가는 모습에 중점을 두었다. 간혹 결론이 없는 경우를 보고 답답할 수도 있을 것이다. 그렇지만 가족 일엔 정답이 없고, 계속해서 풀어나가야 하듯 가족회의는 끊임없이 새로운 상황과 문제에 직면하게 된다. 그 속에서 부단히 노력하고 시도하고 격려하며, 한 걸음씩 나아가는 것을 생각하여 좀 더 편안한 마음에서 읽어주었으면 좋겠다.

1장에서 4장까지의 여러 에피소드를 통해 가볍지만 진지하고, 치열하지만 격려하며, 가능성 하나에 끊임없이 시도하는 가족회의에서 '우리도 충분히 잘할 수 있겠구나' 하는 자신감을 느끼길 기대해본다.

가족회의 구성원 소개

아빠, 선우

42세, 초등학교 교사. 아들러 스터디 모임 13년째 활동 중. 딸, 아들과 함께 많은 놀이와 활동을 하고 싶지만, 점점 아이들이 크면서 그 시간이 줄어들어 아쉬워함. 스터디 모임의 존경하는 오익수 교수님이 말한 가족회의를 시작한 지 만 5년. 끊임없는 중단을 겪으며 가족회의를 다시 제대로 시작한 지 2년이 된 시점에서 출판의 기회를 얻음. 출판이 확정되고, 더욱 가족회의를 열심히 하자고 열의를 불태우며 살도 빼고 있는 중임.

엄마, 애랑

39세, 초등학교 교사. 아이들의 교육에 관심이 많고 아이들과 이야기하고 싶은 것과 해야 할 것을 고민하며 조율하고 있음. 악기에 관심을 가지고 취미활동을 하고 있음. 건강하고 행복하게 사는 것을 고민 중임. 책 읽기를 좋아하지만 편중된 성향이 있어 폭을 넓히려 노력 중임.

딸, 하영

12세. 초등학교 6학년. 동생이 괴롭혀서 스트레스를 많이 받음. 책 읽는 것을 좋아하고, 피아노를 잘 치고, 사춘기에 접어들어 예민함. 예쁘고 단 디저트를 좋아함. 수영을 좋아하고, 계획을 세워서 실천하는 것을 잘함.

아들, 찬영

10세. 초등학교 4학년. 누나를 너무 졸졸 따라다니고 괴롭혀서 나쁜 동생으로 찍힌 상태. 치킨을 좋아함. 운동을 좋아하고 특히 축구를 좋아함. 달리기를 잘함. 자칭 반에서 2등. 로봇과학과 만들기, 그리기를 잘함.

1. 가족회의에 놀러 와!

1) 찬영이가 계속 '메롱' 해요

저녁 8시 35분. 우리 가족은 모두 거실 책상에 모였다. 치킨을 간식으로 미리 먹은 상태였다. 가족회의에서 간식을 먹으면서 하면 좋지만, 할머니 할아버지와 같이 먹기 위해서 미리 먹었다. 할머니 할아버지가 시골에서 오신 날이었기 때문이다.

오늘 회의 주제는 카톡에 올려놓았는데,

엄마 안건: 먹었으면 설거지통에 넣기

아빠 안건: 책 정리하기

하영 안건: 찬영이가 계속 '메롱' 하며 괴롭힌다

이렇게 세 개가 올라왔다. 여기서 두 번째 아빠가 낸 것은 카톡에 올라온 것이 아니라 오늘 회의 때 말한 것인데 이것도 포함해서 하기로 했다.

회의를 진행하는 사회자는 아빠가 하기로 하였다. 간식을 먹은 후라 화기애애한 분위기 속에서 회의를 시작했다.

안건 1. 먹었으면 설거지통에 넣기

아빠: 오늘 세 개 안건이 올라왔어요. 첫 번째부터 이야기할게요. 엄마가 낸 안건인데, '먹었으면 설거지통에 넣기'입니다. 이것에 대해서 엄마가 이야기해주세요.

엄마: 네. 우리 집 식구들이 밥을 먹고 설거지통에 넣지 않고, TV를 보러 가거나 거실에 가서 놀거나 2층에 올라가 버립니다. 밥 먹고 나서 자기 밥그릇과 수저는 싱크대에 꼭 넣어주세요.

아빠: 네. 하영이도 그렇고 찬영이도 그렇고 바로 가버립니다. 설거지하려고 하면 밥풀이나 음식 국물이 말라붙어서 설거지하기 힘듭니다.

설거지를 많이 하는 아빠가 말을 덧붙이고는 설거지 거리를 설거지통에 넣는 것에 동의하느냐 물었다. 모두가 찬성했다.

"그럼 일단 일주일 지켜보고 실행 여부에 따라 추후 논의해보면 좋겠습니다"라며 엄마가 안건 회의를 마무리했다.

안건 2. 책 정리하기

"그럼 다음 안건입니다."

오늘 사회자인 아빠가 곧바로 진행했다.

"책 정리하기입니다. 요즘 책을 읽고 정리가 안 되고 아무 데나 있는 경우가 많아 신경이 쓰입니다. 책 정리에 대해서 의견을 내주세요."

찬영: 그냥 책을 모아두면 안 돼?

하영: 책을 모아두는 장소를 정해서 모으는 것에 찬성해요.

엄마: 책을 모으지 말고 바로 제자리에 꽂았으면 좋겠어요. 저녁마다 또

는 2~3일마다 책을 정리하는데 너무 힘드니까 읽고 바로 꽂아주세요.

아빠: 그건 더 잘 안 지켜질 것 같으니까 모아두는 것에 찬성해요. 한곳에 모아만 두어도 지저분하거나 발에 걸리지 않으니까. 책장 앞쪽 한곳에 읽고 나서 모아두면 조금 덜 어지럽고, 정리하기에도 좋을 것 같아요. 왠지 책 정리하라고 하면 책을 안 읽을 것 같기도 하고요.

엄마: 좋아요.

다들 괜찮다는 분위기로 두 번째 안건을 넘어갔다.

안건 3. 찬영이가 계속 '메롱' 해요

아빠: 그럼 다음 안건입니다. 하영이가 낸 것인데요. '찬영이가 계속 '메롱' 하며 괴롭힌다'입니다. 하영이가 이야기해주세요.

하영: 찬영이가 계속 '메롱' 하면서 괴롭힙니다. 정말 짜증납니다.

평소 찬영이가 건드는 것을 매우 싫어하는 하영이가 화를 내듯이 이야기한다.

아빠: 저도 찬영이가 하영이를 너무 괴롭힌다고 생각해요. 그만하라고 해도 계속하거든요.

아빠도 덧붙인다. 찬영이는 말이 없이 조용히 듣고만 있다.

아빠: 누나의 의견을 듣고 찬영이는 어떤 생각이 들었나요?

아빠가 찬영이의 생각이 듣고 싶어 이야기하라고 한다.

찬영: 음. 안 괴롭힐게요.

아빠: 일단 찬영이가 안 한다고 했으니, 일주일 정도 지켜보면 좋겠습니다. 찬영이가 잘 지켜나가기를 기대해보겠습니다.

가족회의록

▲ 안건 및 결론

안건 1. 먹었으면 설거지통에~

-결론: 밥을 먹고 그릇 등을 각자 싱크대 넣기

안건 2. 책 정리하기

-결론: 읽은 책을 한곳에 모아두기

안건 3. 찬영이가 계속 '메롱' 하며 괴롭힌다

-결론: 안 괴롭히기로 함(일주일 지켜보기)

▲ 우리 가족 생각

아빠: 오늘 회의 내용을 통해서 하영이와 찬영이가 서로 그만 싸웠으면 좋겠다.

엄마: 찬영이가 그만 놀렸으면 좋겠고, 서로 약속한 것들을 잘 지켜서 다음번에는 같은 안건으로 회의가 안 되었으면 하는 바람이다.

하영: 난 회의하면서 찬영이랑 싸우고 나면 너무 짜증 나는데 여기서 찬영이한테 사과를 받을 수 있어서 좋았다.

찬영: 난 책 정리도 노력하고 누나에게 메롱은 더 줄여야겠다고 생각했다.

▲ 사회자 한마디

가족회의에는 회의에 집중해야 한다. 회의 중에 혼내거나 꾸중하지 않는 것이 좋다. 지도가 필요하다면 회의 후에 조용히 이야기하거나 다음 주에 안건을 제출하는 것이 좋다.

안건이 많을 때는 집중해서 해야 할 것을 중요하게 이야기하고, 남은 안건은 시간을 고려하여 실시하고, 급한 사안이 아닐 경우 일주일 지켜보는 것도 한 가지 방법이다. 그렇다고 안건을 제한할 필요는 없고, 논의하여 다음 주까지 지켜보거나 간단히 의견을 듣고 다루는 방법도 가능하다.

▲ **오늘의 간식** 치킨(찬영 Pick)

아빠가 공부한 내용

아이들의 문제행동은 가장 최선의 선택이다.

— 이해중 공저, 『격려하는 선생님』

자녀의 문제를 파악할 때 문제행동에 초점을 두는 것이 필요하다. 자녀 자체를 비난하거나 구성원 자체를 무시하는 것은 가장 경계해야 한다. 이를 위해서는 '그 행동이 가장 좋은 선택'이라는 아들러의 말을 되새겨볼 만하다. 또 어떤 시선에서 바라보느냐에 따라 해결방법도 달라진다. 최대한 그 환경을 제거해주고 무엇이 필요한 것인지 물어보면서 접근하는 것과 무조건하지 말라고 하는 것은 성과를 내는 데 큰 차이를 보일 것이다.

높임말로 해주세요

가족 구성원이 공식적인 회의의 말투인 높임말로 하지 않아도 정중히 요청한 후 일단은 신경 쓰지 않고 회의를 진행하는 것이 좋겠다. 또 회의에 말투와 행동에 대해 화가 난다고 혼내거나 특히 바른 자세가 아니라고 꾸중하고 싶은 마음이 들 수 있다. 하지만 그렇게 되면 서로를 격려하고 의논하는 회의가 아니라 가르치고 혼내는 회의가 되고 다시는 참석하고 싶은 마음이 들지 않을 수 있다. 높임말 사용을 최대한 요청하되, 일단은 회의에 집중하는 것이 필요하겠다.

나-전달법(I-massage)

상대방을 비난이나 비판을 하지 않고 자신의 감정과 원하는 것을 전달하는 효과적인 방법으로 '나'를 주어로 하여 말하는 방법이다.[6]

"나는 네가 '메롱'이라고 놀려서 기분이 나빠. 그래서 그 말을 하지 말고, 사과해주었으면 좋겠어"처럼 이야기하는 것이다.

이는 가족회의에서 매우 필요하다. 자칫 상대방을 비난할 수 있는 것을 피하고, 그 일에 대한 나의 감정이나 생각을 전달하여 문제에 대해 서로의 생각을 나누고 이해하는 데 큰 도움이 될 수 있다. 하지만 이런 방식의 표현을 사용하기 위해서는 많은 연습이 필요하다는 문제점을 지닌다. 나-전달법은 초등학교 교과서에서 여러 번 언급될 만큼 많이 알려져 있지만, 연습하지 않으면 매우 어색하거나 진솔한 대화에 방해가 될 수 있기 때문이다. 평소 화를 내는 대신 이러한 방법으로 감정을 표현하여 가족회의에서도 사건에 대한 문제를 다룰 때 사용될 수 있다면 매우 효과적일 것이다.

---

6) 이해중 공저, 『격려하는 선생님』 46쪽 참조.

2) 아빠 간식 못 먹어요

오늘은 저녁밥을 먹고 바로 치킨을 시켜 먹고 난 뒤 8시쯤에 가족회의를 시작했다. 찬영이가 선택한 치킨을 몇 주 연속으로 먹다 보니 질리지만, 찬영이는 회의 간식을 정하는 사다리 타기에 계속 치킨을 넣었고 지난주에도 여지없이 치킨이 뽑혔다. 우리 집에서 치킨은 호불호가 갈리는 음식이다. 하영이는 치킨을 한두 달에 한 번 정도만 먹고 싶어 하지만, 찬영이는 거의 매주 먹고 싶어 한다. 하영이는 싫은 내색을 조금 보였지만 다행히 세 조각 정도는 먹었다. 먹었던 것 정리를 끝내고 다들 거실에 모이자 가족회의의 시작을 아빠가 알렸다.

안건: 아빠 살 빼기

함께 지난주에 결정한 것을 어떻게 실천했고 어떤 변화가 있었는지 간단히 확인하고, 오늘 안건으로 바로 넘어갔다.

아빠: 오늘 안건은 찬영이가 낸 것인데요. '아빠 살 빼기'입니다. 찬영이는 의견 말해주세요.

이때 진작부터 아빠의 몸무게를 가족회의에서 공표하고 싶었던 하영이는 찬영이에게 저울을 가져오라고 했고, 찬영이는 누나가 말하기 전부터 큰방에 있는 저울을 들고 달려오고 있었다. "먼저 몸무게부터 재요." 찬영이의 말에 머뭇거리던 아빠는 찬영이와 하영이가 손을 잡고 체중계 위에 올리자 그때서야 입고 있던 옷들을 하나씩 벗고 나서야 체중계에 올라갔다. "헉 83.7킬로그램이야." 하영이의 외침에도 아빠는 무덤덤했다. 사실 지난주 동안 간혹 눈금이 84가 넘을 것을 보고 '적게 먹어야지' 하고 있던 참이었지만 금방 전 치킨의 유혹을 이기지 못하고 먹었던 것이 더욱 큰 패

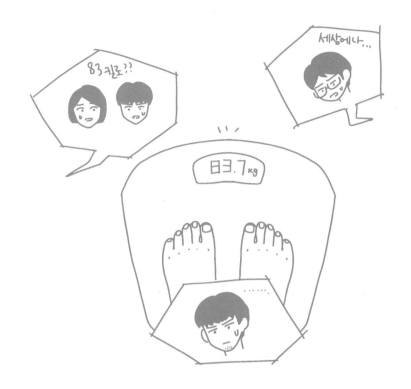

착이 된 것이다. 심지어 콜라도 두어 잔을 마셨으니 이미 결과는 뻔했다.
"세상에나!" 엄마는 그럴 줄 알긴 했지만, 눈으로 확인하니 새삼스러웠다.
아빠가 죄지은 표정으로 자리에 앉았다.

　찬영: 굶는 게 좋겠어요.

　찬영이의 말에 아빠는 곧바로 반박한다.

　아빠: 밥을 먹지 않으면 오히려 살이 더 찐대.

　밥을 먹지 않으면 건강해지지 않는다고 해야 하는데, 궁지에 몰리자 아
무 말이나 하는 아빠다.

　하영: 간식도 금지해야 합니다.

　엄마: 일단 무작정 굶는 건 위험하니 스스로 식사량을 줄이는 것으로 하

고, 간식은 금지하는 게 좋겠습니다.

엄마의 말까지 보태지면서 이미 아빠의 의사와는 무관한 방향으로 흘러갔다. 평소 찬영이, 하영이 간식까지 몰래 먹다가 들켰던 전력이 있던 아빠는 모든 의욕을 잃었다. 그래도 조금이라도 더 건져보려는 의지를 다졌다.

아빠: 살을 뺄게요. 살 빼면 간식 먹게 해줘요.

엄마: 일단 다음 주까지 80킬로.

아빠: 아. 잠깐, 잠깐. 그렇게 빼면 오히려 요요현상이 온다니까. 간식은 안 먹더라도 천천히 완벽하게 뺄게. 82킬로.

엄마: 81킬로.

엄마와 아빠의 협상이 이어진다.

아빠: 81.9킬로. 더는 불가능해. 지금도 좀 뺀 거란 말이야.

엄마: 좋아. 그럼 81.9킬로. 대신 매주 1킬로씩.

엄마는 기어이 살을 빼서 사람과 살고 싶다는 의지를 표명한다.

찬영: 그럼. 아빠는 다음 주까지 81.9킬로. 간식 금지. 우유 금지. 밥 이외에 물만 가능하고, 몰래 먹다가 걸리면 1개당 일주일 간식 금지.

찬영이도 신이 났는지 리듬에 맞춰 강조해 말을 이어간다. 아마 아빠 앞에서 간식을 먹으며 골려줄 생각을 하니 신이 나서 그러는 것 같다.

"좋아요. 81.9킬로. 간식 금지. 아메리카노는 먹게 해줘." 모든 것을 내려놓았지만, 아메리카노는 열량이 없다는 것을 강조하며 최대한 불쌍한 표정을 지으며 협상을 이어간다. 모두 찬성하여 아빠의 '살 빼기 프로젝트'는 가족회의를 통해 시작되었다.

한 주가 지났다. 일주일 동안 찬영이와 하영이는 아빠가 간식을 못 먹게 막으면서 고소해했다. 아빠는 화요일과 수요일에 운동을 열심히 했는지 햴쑥한 표정으로 거실 의자에 앉았다. 뼈다귀를 건네 살아남았던 헨젤과 그레텔처럼 어떻게 하면 얇은 뼈다귀를 건넬까 고심하는 표정이다. 문제는 우리 가족들은 이야기 속 마녀와 달리 눈이 좋다는 것이다. 드디어 회의 시작을 알림과 동시에 찬영이는 저울을 들고 온다.

"아빠 올라가." 찬영이가 평소와 달리 단호한 표정으로 아빠를 보고 말한다.

아빠는 어쩔 수 없이 끌려가다시피 저울에 올라가며 웃옷을 하나씩 벗는다. 집에서도 춥다고 옷 여러 겹 입고 있던 아빠는 패딩, 트레이닝복 두 벌, 오리털 조끼, 긴팔, 반팔까지 무려 여섯 장을 차례로 벗고, 저울에 올라간다. 옷 때문에 뚱뚱하게 보인 건가 싶을 정도로 많이도 입고 있었다. 바지는 저번과 마찬가지로 0.0001그램짜리 얇은 트레이닝복이다.

"83.2, 80.3… 82.0, 81.9킬로" 흔들리던 저울은 정확히 81.9킬로에서 멈췄다. 찬영이는 몸무게를 생중계하다가 말문이 막히는지 놀란 표정이다. "신기하다." 하영이도 놀랐는지 한마디 더 한다. "그럼 밥은 먹을 수 있겠네. 그래도 간식을 무려 네 개나 먹어서 아빤 4주간 계속 간식 금지야."

"다음 주는 80.9킬로 맞지?" 엄마의 말에 행복도 잠시 '다음 주에는 어떻게 빼지?' 하고 아빠는 금세 울상이 된다. 어쩐지 다들 가족회의를 기다리게 되었다. 물론 아빠만 빼고.

이날 저녁 아빠는 배가 고프다고 난리를 쳤다. 점심으로 빵 한 조각을 먹고 저녁은 건너뛰고, 체중을 쟀으니. 체중을 잰 후에는 밥을 먹어도 될 줄 알았던 아빠는 주린 배를 움켜쥐고 잠이 들었다.

2주 후. 지난주의 방어전에 승리한 아빠는 한 주 동안 간식은 못 먹었지만, 밥은 양껏 먹는 모양새였다. 방심이 문제가 되었을까. 아빠에게 커다란 시련이 닥쳐왔다. 어쩌면 지난주 승리부터 예견된 사건일지도 모르겠다. 프로젝트 첫 주보다 운동 적게 하고, 안이하게 한 주를 보냈으니 당연한 일이었다. 아빠도 저녁쯤에 몰래 무게를 재보고 포기했는지 오늘은 저녁도 먹었다. 저녁 시간에 먹으면 간식이 아니라나 뭐라나. 그러면서 라떼까지 한 잔 했다. 그러곤 자진해서 체중계에 올라갔다.

"헐. 83.3킬로."

엄마는 놀라는 표정이다. 기껏 빼라고 했더니 더 찌다니. 하영이와 찬영이도 무척 놀라는 표정이다. "아빠 밥 절반, 간식 금지. 81.9킬로도 넘으면 그다음 주는 밥 반의 반. 80.9킬로 될 때까지." 하영이도 아빠가 너무했다고 생각했는지. 가장 먼저 아빠에게 고통을 알려준다. 엄마는 '잘한다 잘해' 하는 어처구니없는 표정과 함께 두 공격수 하영이와 찬영이에게 더 공격하라고 눈짓을 보낸다. "아빠 간식 금지 기간은 이미 4주인데, 5주로 늘어났어." 찬영이가 간식에 대해서 다시 한 번 강조해서 알려준다.

3주 후. 아빠는 정말 밥을 반밖에 못 먹었다. 평소 저녁밥을 두 그릇씩 먹던 아빠는 배고픔의 연속인 삶을 살고 있다. 방학이라서 종일 붙어 있으니 잠시 학원 갈 때 카페라떼를 한 잔씩 몰래 마시긴 했지만 양심은 있는지 라면을 끓여 먹거나 과자를 먹는 만행은 저지르지 않고 있다. 그렇게 시간이 흘러 다시 가족회의 시간이 왔다. 마의 80.9킬로, 아빠는 가능할까. 가족회의를 기다리게 만드는 것은 한 명의 희생인가, 한 명의 건강인가. 그렇게 우리 가족은 아빠가 정상 체중이 될 때까지 매주 목표를 제시할 모양새이다. 찬영이는 네이버에 아빠 키와 몸무게를 입력한 뒤, '아직도 비만이네' 하며 놀리고, 하영이는 어떻게 하면 몸짱이 되는지 인터넷을 뒤지고 있다. 모든 것을 내려놓았지만 상당히 많은 것을 다시 들어올려야 하는 처지에 놓인 아빠는 그 고난을 이겨내고 몸짱으로 거듭날 수 있을까? 커밍 쑨(coming soon)! 아빠의 가족회의 수난기가 열렸다.

가족회의록

▲ 안건 및 결론

안건. 아빠 살 빼기

-결론: 다음 주까지 81.9킬로 만들기. 그 뒤로 매주 1킬로씩(80킬로까지) 빼고 목표 체중 달성 전까지 간식 금지

▲ 우리 가족 생각

아빠: 가족회의에서 살에 대해 이야기하는 것이 부끄럽기도 하고, 개인적인 의지 문제일 수도 있지만, 가족 문제로 가져와서 함께 해결하는 것도 좋은 회의 주제가 될 수 있을 것 같아서 걱정보다는 오히려 반가움이 앞섰다. 하지만 한 주 한 주 갈수록 정말 살을 빼야 한다는 것이 현실로 닥쳐오고, 먹는 것도 참기 어려워지면서 더 큰 고비를 맞이하게 되었다. 그래도 가족회의에서 가족들이 건강을 걱정하는 것을 보고 더욱 의지를 불태우는 기회와 과정이 되었고, 가족회의 속에서 개인의 문제를 함께할 수 있다는 새로운 경험을 하게 되었다. 또 이것이 아들딸의 여러 문제를 함께 해결하는 시발점이 되었으면 하는 생각도 들어 더욱 성실히 해야겠다고 생각하였다.

엄마: 아빠가 다이어트의 중요성을 인식하고 시작한 것에 경의를 표하고 싶다. 조금 더 노력해서 건강도 찾고 결혼 전 모습도 볼 수 있길 기대해본다. 이왕이면 걷기 운동만 하지 말고 근력 운동도 병행해서 제대로 감량했으면 한다.

하영: 아빠는 비만도가 비만으로 나오고 지방이 너무 많아서 당연히 하루에 10시간 이상씩 운동을 해야 한다. 그런데 아빠는 가족회의에서 정했는데도 운동도 안 하고 간식은 다섯 배로 먹는다. 밥도 너무 많이 먹는다. 대책이 있었는데도 불구하고 말이다. 결론은 이 가족회의에서 정했던 것은 평생 갈 것 같다.

찬영: 아빠는 살이 많이 쪘기 때문에 살을 빼야 한다.

아빠가 공부한 내용

'아빠 살 빼기'는 개인의 문제인가요, 가족의 문제인가요?

살을 빼는 것은 아빠의 문제이다. 하지만 살을 빼지 않아 아빠의 건강에 문제가 생겨서 생계 문제로 이어진다면 이것은 당연히 가족의 문제가 된다. 가족회의는 개인의 문제를 가족의 문제로 가져와서 모두의 문제라고 인식하고 참여하도록 하는 데 큰 도움이 된다.

아들과 딸이 싸운다고 하면 건드는 사람의 문제일까? 반응하며 함께 싸운 사람이 문제일까? 또 이것은 개인 문제인가, 가족의 문제인가? 어떤 관점에서 보느냐에 따라 차이는 있지만, 가족의 문제로 보고 함께 문제를 해결해나가는 것은 근본적인 문제 해결에 도움이 될 것이다. 가정 안에서부터 문제를 공유하며 함께 살아가는 방법을 배우고 그 절차를 민주적으로 해나간다면 더욱 좋을 것이다.

상황에 따라서는 개인에게 책임을 묻고 스스로 해결하거나, 혼자서 해결할 때까지 기다려주는 태도도 필요할 것이다. 하지만 함께 해결해나가는 방식은 가족의 공동체를 더욱 공고히 하고 건강하게 만드는 데 큰 힘이 된다. 혼자 해내야 할 경우라도 가족으로부터 응원받고 격려받는다면, 기쁨은 배가 되고 슬픔은 반으로 줄어들 것이다.

특히 자녀와 대화가 부족한 요즘 시대에 가족회의는 자연스러운 대화 속에서 든든함을 느끼게 하며, 개인의 문제를 가족공동체의 문제로 가져오기에 매우 효과적인 협력 모델이 된다. 또 자녀들의 안정감과 자신감 및 자존감을 높이는 데 큰 도움을 준다.

3) 가족회의의 꽃은 간식?

"아빠, 오늘 간식 있어요?" 찬영이가 오늘 가족회의도 지난주처럼 간식을 주는지 아침 식사 시간에 아빠에게 묻는다.

"그럼, 오늘은 너희들이 가장 좋아하는 하와이안 피자 시킬 건데!"

"앗싸!" 아이들은 피자를 사준다고 하자 귀찮고 딱딱하게 느껴지는 가족회의가 조금은 싫지 않은 눈치다.

"아빠 피자 언제 시켜요?" 저녁을 먹자마자 찬영이가 묻자, "음, 소화시키고 7시 반쯤 시킬까 하는데. 회의 10분 전에 도착하게" 하고 아빠가 답한다.

"7시면 소화 다 될 거니까, 좀 더 빨리 시키자." 찬영이는 회의가 목적인지 피자가 목적인지 일단 피자를 언제 시키는지가 제일 큰 관심이다.

찬영이 말대로 조금 일찍 시킨 탓에 7시 30분이 조금 넘어서 피자가 도착하자, 찬영이는 '와! 피자다' 하고 가장 먼저 컵을 가져와 콜라를 따르며, 피자 한 조각을 입에 덥석 문다. 아빠는 혼잣말로 '회의 때 먹기로 한 건데' 하고는 포기한 채 같이 피자를 먹는다. 피자를 다 먹고 다들 배가 빵빵해진 채로 가족회의를 시작했다.

안건 1. 간식 정하기

아빠: 오늘 첫 번째 안건은 '간식 정하기'입니다. 가족회의 할 때 아침마다 물어보고 간식을 정했는데, 간식 정하는 방법을 이야기했으면 좋겠어요.

아빠가 간식에 대해 이야기하자 하영이와 찬영이의 표정이 대번에 밝아지며 의견을 낸다.

하영: 맛있는 것을 추천받아서 다 사주었으면 좋겠어요.

찬영: 치킨이나 피자를 많이 사주면 좋겠어요.

찬영이가 '평소 먹고 싶은 간식을 잔뜩 먹을 수 있겠구나' 생각하며 말을 하자 엄마의 표정이 안 좋아진다.

엄마: 회의하며 간식을 먹어야 좀 더 회의에 참석 동기가 될 수 있다고 하니 간식을 먹는 것에 찬성은 하지만 너무 많이 살 순 없으니 한 개만 정했으면 좋겠어요.

하영, 찬영: 두 개는 안 돼요?

엄마: 간식은 한 개만 했으면 좋겠어요. 꼭이요.

엄마의 단호함에 하영이와 찬영이는 순간 얼굴이 어두워진다.

하영: 난 치킨은 싫은데 치킨 먹는 날에 나는 다른 거 사주면 안 되나요? 밀크티나 에그타르트 같은 거요."

엄마: 음 하영이가 치킨을 많이 안 좋아하니 하영이의 의견은 받아들일게요.

아빠: 좋아요. 그럼 간식은 일단 한 가지로 하고 치킨 먹는 날에는 하영이만 다른 걸 같이 시켜주는 걸로 하죠. 찬영이는 괜찮나요?

찬영: 네. 괜찮아요.

아빠: 간식시키는 순서는 어떻게 하면 좋을까요?

찬영: 누나랑 번갈아가며 정하면 좋겠어요.

아빠: 아빠랑 엄마는?

찬영이가 자기들끼리만 정한다고 하자 엄마는 어이가 없다는 표정이다.

엄마: 우리 식구 모두 한 번씩 돌아가면서 정하면 어때요?

하영: 음, 좋아요.

아빠: 내 친구 이야기인데, 제비뽑기나 사다리 타기를 해서 정하면 재밌다고 하더라고요. 어때요?

아빠가 재밌다고 하자 찬영이가 바로 찬성을 표한다. 엄마도 크게 상관없다고 고개를 끄덕이자, 아빠가 마저 이야기한다.

아빠: 그럼 다음 주 간식을 사다리 타기로 정하기로 할게요.

아빠가 가족들이 먹고 싶은 것을 쓰고 사다리 타기를 한 결과, 찬영이가 고른 치킨 칸에 도착했다.

찬영: 야호!

아빠: 그럼 간식 정하기는 사다리 타기로 정하고, 당장 다음 주는 찬영이가 고른 치킨으로 할게요.

모두: 네.

안건 2. 건들면 누나가 때려요

다음 안건은 '건들면 누나가 때려요'라는 찬영이의 안건이다. 회의 시간도 오래되고, 간식 정하기에서 찬영이가 다음 주 간식을 차지하여 매우 기뻤는지, 자기가 직접 나서서 안건을 설명하면서 결론까지 짓는다. 자기도 잘못이 있고 건들지 않을 테니 누나도 때리지 말라며 순식간에 안건을 해결한다. 이날 회의는 기분 좋게 마무리되었다. 찬영이는 기쁜 마음에 다음 주 회의를 기다리며 "내가 당첨"이라는 말을 계속 외쳤다.

가족회의록

▲ 안건 및 결론

안건 1. 간식 정하기

-결론: 각자 먹고 싶은 간식을 적은 다음 사다리 타기로 정해요

안건 2. 건들면 누나가 때려요

-결론: 건들지 않을 테니 누나도 때리지 않았으면 해요

▲ 우리 가족 생각

아빠: 간식 정하기는 당첨되었다는 행운의 기쁨을 느끼게 한다. 때론 계속되는 낙첨에

아쉽기도 하지만 배달이나 포장해온 음식 앞에서는 모두가 즐거운 마음뿐이다. 또 가족회의에서도 조금 더 양보하는 마음이 생길 거라고 생각한다.

엄마: 간식을 정함으로 인해 아이들이 회의에 대한 거부감을 조금은 줄일 수 있기를 기대해본다. 나 또한 회의 자체가 조금 귀찮긴 하지만 함께 이야기할 시간을 따로 빼기 어려운 상황에서 함께 이야기 나눌 구실을 만들었다는 데 의의가 있다고 느낀다. 간식을 기다리는 마음으로 회의를 기다려볼까 한다.

하영: 사다리 타기는 운이라서 별로 마음에 들지는 않지만 대체적으로 만족한다. 왜냐하면 간식과 함께 추가로 음료도 주문할 수 있어서 좋은 것 같다. 또 이런 식으로 가족회의를 한다는 것이 내가 하면서도 이상하다.

찬영: 간식을 더 많이 먹으면 좋겠다. 그리고 누나는 걸리지 않고 나만 걸리면 좋겠다. 이번 주 가족회의 내용을 지키려고 노력하고 다음 주도 기분 좋게 끝났으면 좋겠다.

▲ 사회자 한마디

간식 정하기는 가족회의를 기다리게 해주는 도깨비방망이가 아닐까 생각해본다. 때론 민감하고, 당사자에게 당혹스러울 수도 있고, 비판과 비난이 난무하는 내용일지라도 회의 시간의 감미로운 마들렌처럼, 모두를 무장 해제시키는 강력한 무기가 될 것이다. 요즘 같은 코로나시대에 함께 생활하는 가족은 인원 제한이나 마스크 없이 맘껏 음식을 들며 회의를 할 수 있으니 더욱 특별한 강점을 지녔다고 생각할 수 있지 않을까? 간식을 정하는 방법은 여러 가지 방법이 있을 것이다. 제비뽑기, 순번제, 돌림판, 또는 핸드폰 앱 이용 등 합의를 통해 방법을 정하여 실시한다면 큰 문제없이 재미있게 운영할 수 있겠다.

이번 가족회의의 기타 안건은 하영이와 찬영이 모두에게 책임과 의무가 있는 내용이었고, 둘 다 서로를 탓하게 된다면 더욱 치열한 회의가 될 수 있었다. 그렇지만 맛있는 간식을 상상하면서 느낀 기쁨으로 인해 보다 수월하고 자연스럽게 합의가 이루어졌다. 어쩌면 마음먹기에 달린 것이란 말처럼 어떤 자세와 마음으로 문제를 대하느냐가 가장 중요할 것으로 생각한다. 무엇보다 그 자세와 마음에 느슨한 틈을 만들어주는 것은 바로 맛있는 간식이다.

▲ 오늘의 간식 하와이안 피자(아빠 Pick)

아빠가 공부한 내용

음식은 사람을 훨씬 부드럽게 만들어준다. 자기가 좋아하는 맛있는 음식은 더욱 그러하다. 심지어 그 음식을 내가 고를 수 있다면 아이들에게는 무엇보다 큰 동기부여가 될 것이다. 물론 가족회의 중에 불편하고 어려운 내용도 있을 수 있지만, 간식과 같은 일정한 행복이 함께한다면 가족회의를 매번 기다릴 것이다.

많은 간식 관련 책에서는 가장 간단한 계란프라이부터 따끈따끈 고소한 빵과 쿠키까지 다양한 간식을 소개하고 있다. 뭐니 뭐니 해도 가장 좋은 간식은 엄마가 손수 정성껏 만들어준 간식이다. 가족이 함께 만들어 먹는 간식은 매우 의미 있다. 특히 함께 요리한 간식과 함께 가족회의를 한다면 그 자체가 하나의 가족행사가 될 수도 있다. 몇 달에 한 번, 혹은 몇 주에 한 번씩 파티 준비를 해서 가족회의를 하는 것도 좋은 이벤트가 될 수 있지 않을까?

4) 아침시간 화장실 순번 정해요

화요일 아침, 찬영이는 일어나자마자 세수를 하고 싶었다. 그런데 하영이가 먼저 화장실을 사용하고 있었다. 찬영이가 벌컥 문을 열더니 '나와!' 하고 소리를 지르며 쳐들어가려고 했다. 그 와중에 아빠는 '언제 끝나니?' 하고 물었고, 엄마도 '하영아 언제 끝나?'라고 덧붙이자, 하영이가 화를 내며 화장실 문을 꽉 잠근 채 머리를 마저 감았다. 하영이는 씻고 나오자마자 가족회의 채팅방에 '씻! 는! 순! 서! 정! 하! 기!'라고 올리며 강력하게 제안했다.

안건 1. 씻는 시간 정해요

아빠: 이번 주 가족회의를 시작할게요. 먼저 지난주 결정된 것을 얼마나 지켰는지 알려주세요.

엄마: 지난주에 찬영이가 변기를 깨끗하게 쓰기로 했는데, 엄마 점수로 는 85점 정도 되는 것 같아요. 한두 번을 제외하고 잘 사용했고, 그것도 바로 청소했어요. 그래서 1층에 내려갈 일은 있지 않았어요.

하영: 저도 그렇게 생각해요.

아빠: 우와, 찬영이가 엄청 잘 지켰네요. 지금 생각해보니 아침마다 물바 다로 만들지 않기로 했는데, 정말 화장실 앞이 말라 있었어요.

엄마: 네, 찬영이가 아침마다 수건으로 닦고 나왔나 봐요.

하영: 저도 그렇게 생각해요.

지난주에 정한 약속을 잘 지켰다는 이야기에 찬영이의 표정이 밝아진다.

엄마: 아빠도 주말에 면도하기 약속을 잘 지켰어요.

아빠: 그럼 우리 박수 한 번 치고 시작해야겠는데요? 다들 지난주에 정한 약속을 아주 잘 지킨 것 같아요. 자 이제 오늘 첫 번째 안건에 대해 이야기할게요. 하영이가 설명해주세요.

하영: 씻는 시간을 정했으면 좋겠어요. 특히 찬영이가 가장 맘대로 해요.

하영이는 찬영이에게 가장 불만이 많다는 듯 찬영이를 살짝 쳐다보며 말을 이어가고, 찬영이는 찬영이 대로 '내가 뭐' 하는 표정을 짓는다.

엄마: 찬영이뿐만 아니라 우리 가족 모두 순서를 정해서 이용해야 아침에 이 일로 짜증을 내지 않을 것 같아서 꼭 필요해요.

아빠: 그럼 하영이는 언제 씻고 싶어요?

하영: 네, 저는 7시 10분이요.

아빠: 그럼 7시 10분부터 20분까지 괜찮아요?

엄마: 내가 6시 55분부터 7시 5분까지 씻을래요. 하영이가 7시 5분부터 씻어도 좋을 것 같아요.

아빠: 찬영이는 언제 씻을래요?

찬영: 7시 40분.

엄마: 아뇨. 7시 40분까지는 씻어야 하니까. 7시 20분에서 7시 40분까지 씻어요. 찬영이가 밥 먹는 시간이 오래 걸려서 좀 서둘러야 해요.

찬영: 음… 네.

엄마가 강하게 이야기하자, 마지못해 고개를 끄덕인다.

하영: 그럼 아빠는?

엄마: 아빠는 6시 55분 전에 씻으면 되지. 넉넉하게 한 시간 줄게. 6시부

터 씻으면 되겠네.

아빠: 난 5분도 안 걸리는데… 별수 없지. 와, 난 한 시간이다. 하하.

아빠는 포기하고 엄마가 제시한 시간을 수용한다.

그렇게 해서 정해진 시간에 각자 화장실을 이용하고, 만약 순서를 변경하고 싶다면 해당 시간에 이용하는 사람에게 허락을 맡아야 한다. 안 되면 1층 화장실을 사용하는 것으로 정했다.

안건 2. 찬영이가 아침에 짜증 내는 문제

아빠: 다음 안건은 찬영이가 아침에 짜증 내는 것인데, 엄마가 설명해주세요.

엄마: 찬영이가 아침에 짜증을 너무 많이 냅니다. 아무것도 아닌 것에 트집을 잡고 떼쓰는 경우도 많아요.

아빠: 찬영이는 어떻게 하면 좋겠는지 이야기해주세요.

찬영: 나도 왜 짜증이 나는지 몰라요. 그냥 짜증이 나요.

아침 일을 저녁에 물어보는 것이 귀찮기도 하고 정말 모르겠다는 표정으로 당당히 말한다.

엄마: 짜증을 낸 이유가 누나가 씻는 시간을 너무 길게 가져서 그런 것 같은데 맞나요?

일단 가장 가능성 있어 보이는 것을 찬영이에게 묻는다.

찬영: 그런 것 같아요.

찬영이가 누나를 한 번 쳐다보고는 고개를 끄덕인다.

엄마: 그럼 금방 전 씻는 순서 정하기 안건으로 찬영이가 짜증을 내는 문제는 해결이 된 것 같은데, 맞나요?

찬영: 네.

엄마: 그런데 또 찬영이가 다른 사람한테 시켰는데 안 들어주면 짜증을

내는 경우가 많아요.

아빠: 찬영이, 엄마 이야기가 맞나요?

찬영: 네.

엄마: 예를 들어 아침밥 먹을 때 물을 가져다 달라고 하는데, 가져다주지 않으면 짜증을 내는 경우가 많아요. 자기 할 일은 자기가 하자로 정했으면 좋겠어요.

아빠: 찬영이는 엄마 생각이 괜찮나요?

찬영: 몰라요.

찬영이 툴툴거린다.

엄마: 우선 찬영이가 자기 일을 스스로 해 보도록 노력하고, 일주일 지켜보고 이야기했으면 좋겠어요.

엄마가 무조건 우기지 않고 부드럽게 이야기하자 찬영이도 수긍한다.

가족회의록

▲ 안건 및 결론

안건 1. 씻는 시간 정해요

-결론: 아빠 씻는 시간: 06:00~06:55 / 엄마 씻는 시간: 06:55~07:05

　　　하영 씻는 시간: 07:05~07:20 / 찬영 씻는 시간: 07:20~07:40

안건 2. 찬영이 아침에 짜증 내는 것

-결론: 씻는 순서 정하기, 자기 일은 자기가 해 보기를 우선하여 짜증 줄여보기, 일주일 후 다시 이야기해보기

▲ 우리 가족 생각

아빠: 작년에는 코로나로 원격수업을 많이 해서 씻는 시간이 거의 겹칠 일이 없었는데, 개학하고 나서는 찬영이와 하영이가 충돌하는 일이 한두 차례 있었다. 마찰이 몇 번 있다 보니 이제는 조금만 거슬려도 짜증과 신경질을 내는 경우가 잦

아졌다. 가족회의에서 정하지 않았다면 둘을 불러서 왜 싸우는지, 왜 양보하지 않는지에 관해 대화를 10번은 더 해야 했을 거다. 하지만 가족회의를 통해 복합적으로 얽혀 있는 문제도 해결할 수 있겠구나 하는 생각이 들었다.

엄마: 아침시간에는 가족들이 거의 동시에 일어나서 준비하기 때문에 하나의 공간을 여러 명이 나눠서 쓰는 데 대한 다툼이 있다. 물론 시간이 넉넉하다면 상관없을 테지만 희소성 있는 장소는 나누어 사용하고 양보와 배려가 있어야 하는 게 당연한 것 같다. 찬영이가 조금 더 기다리고 하영이가 상대를 좀 더 배려하는 미덕을 갖추길 기대해보는 건 엄마의 욕심일까?

하영: 씻는 시간을 정해서 아침에 조금 덜 싸우게 될 것 같다. 또 나도 좀 배려해가면서 해야 할 것 같다. 찬영이도 조용히 순서를 기다리면 우리 사이가 좀 더 사이가 좋아질 수 있을 것 같다.

찬영: 가족들이 씻는 시간을 잘 지켰으면 좋겠다. 그리고 나도 잘 지키려고 노력해야겠다.

▲ 사회자 한마디

화장실을 이용하고 씻는 시간을 정하는 것은 가족 간의 양보와 배려를 통해 조정해 나가야 하는 일이다. 특히 아이들이 성장하면서 화장실 이용시간은 더욱 길어질 것이다. 사소한 것에서 서로 감정의 골이 깊어지기 전에 가족회의에서 조정한 것은 더 큰 문제를 미연에 방지한다는 점에서 좋은 안건이었던 것 같다. 처음 안건을 통해 찬영이의 잦은 짜증 문제를 상당 부분 해소한 것은 뜻하지 않은 수확이었다. 가족의 문제는 서로 얽혀 있어 서로 작용한다는 것을 알 수 있었다.

어쩌면 문제의 핵심을 찾아 의논하면 여러 문제를 동시에 예방할 수 있다는 생각이 들기도 한다. 찬영이가 회의에 적극적이지 않기에 계속해서 생각을 묻고 확인하면서 찬영이의 의견을 반영하는 데 초점을 두었다. 그리고 회의에 소외되지 않도록 신경 썼다. 또 찬영이가 계속해서 피고의 입장에 놓이게 되는 상황에 불만을 갖지 않고 주체적으로 참여할 수 있도록 신경을 써나가야 할 필요가 있다.

▲ 오늘의 간식 아이스크림 (아빠 Pick)

아빠가 공부한 내용

아침은 가족 구성원 개개인 모두에게 하루의 시작을 의미하며, 하루의 기분과 컨디션, 활력을 결정지을 만큼 중요한 시간이다. 더욱이 사춘기에는 누구나 예민하고 감정적이며, 신경질적일 수 있다. 따라서 더욱 가족 간의 규칙과 조율이 필요할 것이다. 그것은 불필요한 감정의 소모를 줄이고, 서로의 배려를 체험하고 느낄 수 있는 경험을 제공한다.

친절 베풀 시간을 따로 마련하자.
— 리처드 칼슨, 『당신은 나의 가족입니다』

밖에서 다른 사람에게 친절하기는 정말 쉽다. 잠시 스쳐 지나가는 인연이거나 업무적 관계이거나 혹은 친절이 나의 이미지를 더욱 좋게 만들기 때문에 그러하다. 하지만 가족끼리는 꾸밈없는 모습으로 긴 시간 함께해왔기에 서로 다 안다고 생각해 오히려 직설적이고 함부로 하는 경우가 많다. 하지만 하루 10분 정도 서로 친절하게 대하는 친절 타임을 만든다면 모두가 웃으며 행복한 10분을 보낼 수도 있다. 그 친절타임이 가족 사이에 굳어진다면 가족끼리 친절하고 배려하는 횟수를 자연스레 늘리는 아이디어가 되지 않을까 생각해본다.

5) 자동차 안 태워줄 거야

"이야 정말 장모님 요리는 최고야. 특히 초무침은 너무 너무 맛있어."

아빠의 말에 엄마는 '뭘, 그 정돈가?' 하는 혼잣말을 하면서 슬며시 미소를 짓는다.

"아! 맞다. 집 앞 빵집에서 빵 사 와야 하는데" 하고 아빠가 말하자, "거기 빵이 우리 집 앞 빵집보다 훨씬 안 달면서도 맛있더라. 큰 도로로 들어가지 말고 차 좀 돌려서 들렀다 가자." 웬일인지 빵은 살찐다고 별로 탐탁지 않아 했던 엄마도 외할머니집 앞 빵집은 진짜 맛집이라며 차까지 돌리라고 한다.

빵집에서 빵을 사서 집으로 출발한 지 30분 지난 시점. "여보 빵 좀 먹자. 슬슬 졸음이 오는 것 같은데." 아빠는 꼭 운전하다가 엄마가 옆에 있으면 군것질을 주라고 한다. 엄마는 못마땅해하면서도 졸음 방지 간식이라고 생각하고 조금 건네준다. 빵을 건네받아 집어 먹고 기름 묻은 손으로 운전대를 잡자 엄마의 눈썹 끝이 살짝 치켜 올라간다. 출퇴근을 둘 다 걸어서 하고 있어 비 올 때만 끌고 다니지만, 주로 엄마가 쓰는 차인데 주말에 아빠가 이용했다 하면 더러워지는 것에 슬슬 짜증이 밀려오는 모양새다. 한편 뒤에는 찬영이와 하영이가 먹다 흘린 빵 부스러기와 간식 쓰레기가 뒷좌석 바닥에 뒹굴고 있다.

집에서 도착해서 트렁크 짐을 꺼내고 주차를 끝낸 아빠는 차 키를 엄마에게 돌려주며, '김 기사가 주차까지 깔끔하게 했어요. 사모님'이라고 농담까지 건넨다.

월요일 아침 다음날 새벽부터 비가 내렸다. 엄마는 '늦었네, 늦었어!' 하고 우산을 쓰고 차 키를 챙겨 대문을 나섰다. 차 문을 여는 순간 확 밀려오는 퀴퀴한 냄새부터 먹다 남은 카페라떼 썩는 냄새까지. 가운데 컵홀더에 처박힌 쓰레기와 운전석 주변의 빵과 과자 부스러기, 뒷좌석 아래는 열 개 넘는 쓰레기들. 비까지 내려 창문도 못 열고 치울 시간도 없어 그냥 출발한 엄마는 신호가 긴 사거리에 서서 빨간 신호등을 노려보며, 핸드폰을

들고 카톡에 안건을 올린다.

가족회의 날 저녁 엄마는 안건을 소개하려는 아빠에게 잠시 말을 끊으
며 월요일에 저장했던 사진을 핸드폰으로 전송을 한다. 갑자기 회의 시작
직전에 울리는 카톡 소리에 다들 핸드폰을 본다. 아빠, 하영이가 핸드폰
을 바로 열고는 부끄러운 듯 계면쩍은 표정을 짓고 있고, 핸드폰 배터리
가 나가서 울리지 않은 찬영이는 '뭐지' 하는 표정만 짓고 있다.

안건 1. 자동차에서 쓰레기 가지고 내리기

아빠: 오늘 안건은 엄마가 올린 안건입니다. '차에서 간식 먹지 않기'입니
다. 엄마가 설명해주세요.

엄마: 오늘 첫 안건은 제가 낸 안건인데요. 카톡에 올린 사진처럼 치우
는 사람과 어지르는 사람이 달라서, 치우는 입장에서 너무 힘듭니다. 그래
서 차에서는 간식을 안 먹었으면 좋겠습니다.

사진을 본 하영이와 아빠는 지은 죄가 있어 조용히 입을 다물고 있고, 사진을 보지 못한 찬영이는 엄마의 말에 별로 공감하지 못했는지, "난 놀러 갈 때 차에서 간식 먹고 싶은데" 하며 반론을 제기한다. 하지만 엄마가 사진을 내밀자 찬영이도 그제야 입을 다문다.

엄마: 이 차가 엄마 건지 알죠? 차가 너무 더러워져서 그러니 안 지키려면 다 탈 생각도 말아요.

아빠: 애들아 그게 엄마 아빠 차가 아니라, 엄마 말대로 엄마 차야. 엄마가 결혼 전부터 적금 부어서 산 거거든.

아빠는 이러다간 기사 자리에서도 쫓겨날지 모른다는 위기감 때문인지, 엄마 의견에 동의하며 최대한 몸을 낮춘다.

아빠: 우리 아예 차를 깨끗하게 사용하는 방법이나 규칙을 정하면 어떨까. 엄마까지 포함해서 말이야.

아빠가 엄마의 비위를 맞추며 말을 꺼냈지만, 엄마의 반응은 오히려 냉랭하다. 아빠가 "암튼 음식은 여행 중에 김밥 등 식사 대용 음식을 차에서 먹어야 할 때를 제외하고 안 먹기로 하자"고 말하며 '얼른 동의해' 하는 눈짓을 하자, 하영이 찬영이도, "네" 하고 바로 대답한다.

아빠: 그리고 쓰레기도 꼭 갖고 내릴게. 너희도 그럴 거지?

가족들의 모두가 차를 깨끗하게 사용한다고 약속을 하자, 겨우 표정이 풀리는 엄마다.

안건 2. 한자 학습지 닥쳐서 하는 것

아빠: 다음 안건으로 넘어갈게요.

아빠는 첫 번째 안건이 마무리되는 듯 보이자 바로 다음 안건을 소개하며 이야기를 이어간다.

아빠: 다음 안건은 '한자 학습지 매일 하기'인데요. 이것도 엄마가 설명해주세요.

엄마: 네, 한자 학습지를 꼭 한자 선생님 오신다고 할 때 닥쳐서 하니까 그날은 한자 공부하라는 소리 때문에 집안이 어수선합니다. 꼭 한자 공부를 매일매일 해서 서로 감정이 상하지 않았으면 좋겠어요.

아빠: 맞아요. 몰아치기로 해서 '알았다고' 하는 말과 '빨리해라' 하는 말로 티격태격하는 일이 많습니다.

엄마: 그래서 전날까지는 다 했으면 좋겠어요.

엄마가 제안했다.

찬영: 선생님 오시는 날까지 할게요.

매번 늦게 하던 찬영이는 수업 날까지 하겠다고 이야기한다.

엄마: 수업 날은 수업 시간에 또 해야 하니 꼭 전날까지는 하면 좋겠어요.

하영이와 찬영이는 스스로 잘못을 아는 듯 순순히 노력하겠다고 약속했다.

다음 주. 주말에 가족끼리 자연휴양림에 독채형식인 '숲속의 집'을 구해서 여행을 다녀왔다. 엄마는 다녀와서 내리기 전 다시 한 번 가족회의 안건을 상기시켰고, 찬영이와 하영이, 아빠까지도 엄마 차에서 쓰레기를 모두 가지고 내렸다. 저번과는 달리 과자 부스러기는 거의 없었고, 음료수병과 테이크아웃 컵들이 대부분이었는데 전부 가지고 내리거나 엄마가 내민 쓰레기통에 집어넣었다. 엄마는 그제야 만족한 표정으로 차 문을 잠그고 집으로 들어갔다.

한자 공부는 또다시 전날까지 마치지 못하는 일이 발생했다. 찬영이가 전날 검사를 받기도 전인 초저녁에 잠이 들어버린 것이다. 컨디션도 안 좋아 보이고 깊이 잠들어 깨우지 않았기 때문이다. 엄마는 아침부터 '꼭 하고 학교에 가라'고 하면서 강조했고 퇴근하고 오자마자 찬영이 한자 학습지를 검사했다. 다행히 스스로 완료했다.

가족회의록

▲ 안건 및 결론

안건 1. 자동차에서 쓰레기 가지고 내리기

-결론: 꼭 가지고 내리기

안건 2. 한자 학습지 닥쳐서 하는 것

-결론: 매일 하는 것을 원칙으로 하며, 전날까지는 꼭 하고, 그날 저녁에 검사 맡기

▲ 우리 가족 생각

아빠: 평소 차를 아내가 쓰고 주말에만 내가 사용하는데, 내가 탔던 자리에 빈 컵이랑 사탕 봉지들을 안 치웠던 것을 반성하게 되는 회의였다. 특히 아이들이 나보다 더 어질러놓은 것을 보고 부모의 모범이 무엇보다 중요함을 새삼 느끼게 되었고, 세차라도 자주 해야겠다고 생각했다. 특히 내부 세차가 필요하다.

엄마: 이번 기회를 통해 차를 좀 더 깨끗하게 쓰게 되었다. 물론 이게 습관화가 되기까지는 좀 걸리겠지만 스스로 노력해준다는 가족들의 대답을 듣고 만족스러웠다.

하영: 가족과 함께 차에서 먹는 음식에 관해 이야기해볼 수 있어서 그 점에 대해 깊이 생각해보고 다음부턴 조심해야겠다는 생각이 들었다. 또 한자 공부도 꾸준히 해야겠다는 생각이 들었다.

찬영: 지금부터 차는 깨끗이 쓰고 한자도 열심히 해야겠다. 그리고 차에서는 음식을 먹지 않도록 노력해야겠다.

▲ 사회자 한마디

자동차는 함께 사용하지만, 누구는 계속 치워야 하고 누구는 마음대로 어지른다면 규칙이 필요하겠다. 특히 청결과 위생과도 관련이 있고, 다음에 이용할 때 다른 사람에게 불편을 초래하는 경우는 더욱 그러하다. 자신의 이용 모습을 가족들이 확인하여 주

고 그를 토대로 함께 실천하는 것은 서로를 배려하는 작은 걸음이 될 수 있다.

아이들이 해야 할 숙제를 매번 이야기하는 것보다 가족회의에서 전반적인 상황을 살펴보고 필요한 부분과 각자 실천할 수 있는 것을 함께 정하는 것은 그 과정에서 필요한 감정 소모를 줄이고 스스로 실천하도록 돕는 데 도움이 된다.

▲ **오늘의 간식** 샌드위치(아빠 Pick)

아빠가 공부한 내용

차량 내부에 어지른 것을 스스로 치우기로 결정한 부분은 자기 주변을 스스로 정리한다는 의미에서 매우 중요하다.

한자 학습지를 스스로 하기로 가족회의에서 정함으로써 불필요한 잔소리를 줄일 수 있다. 또 함께 정한 약속을 스스로 실천하도록 기다려주는 것에 초점을 맞추는 것이 필요하다.

아들러 심리학에서는 처벌보다는 자연적 결과나 논리적 결과를 통한 훈육을 강조한다.[7] 특히 논리적 결과는 자기의 행동에 따른 책임을 논리적 관련이 있는 행동으로 책임지는 것을 말한다. 행동에 대한 대가는 처벌이 아니라 상호존중의 바탕에서 결과에 따른 행동을 선택하도록 한다.

논리적 결과를 적용함에 있어서는 강압적인 분위기가 아니어야 하고, 그 선택권을 부여하여 스스로 결정하여 능동적으로 실천하면서 책임을 느끼도록 하는 것에 초점을 둔다.

차를 청소하는 것은 자연적 결과와 논리적 결과가 반반씩 적용된 느낌이다. 차를 깨끗이 사용하지 않아 필요할 때 이용하지 못하는 자연적 결

---

7) 유리향, 선영운, 오익수, 『교사를 위한 아들러 심리학』학지사, 199쪽 참조

과와 번거롭지만 다른 차량을 이용해야 하는 논리적 결과가 함께 적용되었다고 보여진다. 논리적 결과는 정답이 있기보다는 서로 그 논리성을 중심으로 함께 찾아보고 인정된다면 실천하는 방식으로 논리적인 연관성과 문제해결 방법을 함께 고민해볼 수 있는 과제를 주기도 한다.

2. 가족회의로 뭉치자!

1) 가족여행 가요

"찬영아, 오늘 산책 나가자."

"싫어. 집에서 놀 거야."

"뭐 할 것 없잖아."

"그냥 방에서 놀 거야."

"날씨도 좋은데 나가자."

"싫다니까." 찬영이는 여전히 관심이 하나도 없다.

"왜 화내고 그러니. 간식도 가져갈게. 바나나우유 어때."

"싫어."

"그러지 말고 그럼 이 앞에 학교 운동장이라도 가자."

"싫어."

"엄마랑 누나도 나간다고 했어. 같이 가자."

"혼자 있을 거야."

"혼자 어떻게 있니. 30분 넘게 걸린 텐데."

"안 가."

찬영이와 아빠는 주말마다 밖에 나가는 것을 두고 티격태격한다. 코로나로 인해 한 달에 한두 번 하던 여행을 안 간 지 벌써 1년 반이 되어가는 시점. 찬영이는 이제 집에서 시간 보내는 것에 익숙해졌고, 체험하러 가는 것이 아니고서는 단순한 산책에는 전혀 관심이 없다.

심지어 최근 방과후 축구도 하다 말고, 등산하다가 발목을 접질린 뒤로는 뒷산도 안 가려고 하여 아빠의 고민은 더욱 깊어지고 있다. 또래보다 키가 작은 찬영이가 적당한 운동을 해줘야 키도 좀 더 클 거라고 생각하는데, 점점 운동량이 줄어들고 심지어 주말에 산책 정도도 안 나가려 하니 말이다.

지지난 주엔 도저히 안 되겠어서 핸드폰 게임을 시켜주겠다고 하여 끌고 나갔지만, 그것도 한두 번이지 언제까지 그렇게 할 수 없다 보니 더욱 곤란하였다. 또 평일도 아니고 주말에 혼자 두고 나가는 것은 아닌 것 같아서 '너 안가면 다 못 가잖아' 했지만 상관없다는 듯 배짱을 부린다.

벚꽃이 만발한 봄날, 황사도 없어서 더욱 산책하기 좋은 날. 일단 나가기만 하면 캐치볼을 하면서 기분도 풀고 재미있게 놀고 즐겁게 보낸다. 그런데 안 나간다고 떼쓴 시간이 무려 두 시간. 매주 이럴 수 없다고 생각했는지 아빠는 가족여행을 안건으로 올렸다.

안건. 가족여행 가자

아빠: 오늘 가족회의 안건은 '가족여행 가자'입니다. 코로나라서 멀리까지, 또는 맘껏 먹으면서, 오랫동안 갈 수는 없지만, 가깝고 도시락을 싸서 당일치기나 1박 2일 정도는 가능하지 않을까 생각해요. 요즘 주말에 다들 집에서만 있다 보니까 가까운 산책도 가기 싫어해요. 그래서 여행 가자는 안건을 올려보았어요.

엄마: 좋은 장소가 있어요?

엄마도 솔깃했는지 관심을 보인다.

아빠: 내가 생각한 방법은 돌아가면서 여행지를 정하는 거예요. 다시 말하면 여행 계획을 각자 한 개씩 세워서 가고 싶은 곳에 가는 거지요.

하영: 정말, 내가 가고 싶은 곳 아무 데나 괜찮아요?

하영이가 자기가 여행지를 선택할 수 있다는 것에 관심을 보인다.

아빠: 아, 물론 당일치기로 다녀오고 사람이 너무 많지 않은 곳이라면 1박 2일도 가능할 것 같아요. 한적한 휴양림 '숲속의 집'이나 캠핑장으로 하면 어떨까요?

찬영: 나도 좋아. 난 저번처럼 캠핑카도 좋아요.

찬영이가 재작년에 갔던 카라반을 떠올리며 말한다.

아빠: 카라반 말하는구나. 그래 그것도 괜찮아. 대신 자기가 계획을 세우는 거야. 물론 엄마 아빠가 예약을 잡아주겠지만.

엄마: 아이들에게 예산을 주고 준비하라고 할 거예요?

아빠: 난 그렇게 하고 싶은데, 당일이면 5만 원, 1박이면 10만 원 이내에서 저녁과 간식까지 계획하는 것으로.

엄마: 숙박은 그 금액으로는 충당이 안 되니 따로 계획하는 걸로 해요. 그런데 그거 빼면 가능할까요?

아빠: 음, 일단 해 볼게요.

대책 없이 말하긴 하지만 크게 문제가 되지 않아 시행해보기로 한다.

아빠의 찬성을 묻는 질문에 모두 찬성을 하였다.

아빠: 각자 여행지와 필요하면 숙소, 구경할 곳, 간식, 저녁 메뉴까지. 체험은 거의 운영하지 않지만 코로나에서도 할 수 있으면 신청하는 것으로. 대신 체험비가 비싸면 비용은 추가하는 것으로. 다들 괜찮지?

당연히 모두 찬성하였다. 그리고 아빠는 순서를 정하기로 했다.

아빠: 그럼 누가 먼저 할지 사다리 타자. 2주에 한 번씩 하기로 하고 순서를 바꿔서 가는 것이 더 좋은 상황일 땐 조정하기로 해요.

그리하여 사다리를 탔고, 찬영이가 첫 번째, 하영이가 두 번째, 아빠가 세 번째, 엄마가 네 번째로 순서가 정해졌다.

찬영이의 여행 - 보성

찬영이가 첫 여행으로 가고자 했던 카라반은 엄마가 가고 싶은 휴양림으로 급변경되었다. 〈1박2일〉 TV프로그램에서 나왔던 짚라인와 어드벤처

코스를 하고 싶던 찬영이가 '좋아!' 하면서 변경을 한 것이다.

하지만 여행 5일 전 충격적인 사실이 전해졌다. 코로나19로 인해 짚라인과 어드벤처 코스를 운행하지 않는다는 것이었다. 울고불고까지는 아니었지만 찬영이는 '왜 안 해, 왜 안 해?'를 반복하며 아쉬워했고, 겨우 달래서 약속된 예산보다 만 원 더 간식을 사는 것으로 협상을 보았다.

여행 당일. 우리 가족은 작년 2월 코로나로 괌 여행을 취소한 이후로 1년이 훨씬 지나서야 비로소 여행을 가게 되었다. 찬영이가 계획했던 먹거리들은 맛있었고, 맑은 날씨와 적은 사람들은 산림욕을 하는데 더할 나위 없이 좋았으며, 산책을 마친 뒤 저녁에 펼쳐진 독서퀴즈대회는 여행 기분을 한껏 고조시켰다. 다음날 호수길 데크를 걸으며 짚라인과 곰썰매, 어드벤처코스가 떡하니 멈춰서 있는 것을 보고 찬영이의 안타까움은 극에 달했지만, 어쩔 수 없는 일. '저거 TV에서 봤어, 〈1박 2일〉 누가 어쨌는데' 하고 연신 떠들며 사진 찍기와 함께 여행을 마무리하였다. 돌아오는 길에는 녹차 밭에서 사진을 찍고 녹차라떼를 사서 마셨다.

하영이의 여행 - 남원

하영이가 고른 여행지는 남원이었다. 남원은 멀지 않아서 당일치기로 갔다 오기로 하였다. 점심메뉴와 간식들을 정하고 남원 광한루와 춘향테마파크를 다녀왔다. 테마파크 앞 농구 골대에서 가볍게 운동을 하고 간식과 식사를 마치고 다녀온 남원여행은 짧았지만 상쾌한 봄바람과 함께 다녀온 여행으로, 계획한 하영이를 비롯하여 모두 만족스러워했다.

아빠의 여행 - 가까운 산책길

가볍게 차로 20분 거리의 산책길을 다녀왔다. 예산은 크게 쓰지 않았고,

치킨을 한 마리 가지고 가서 나무 그늘 아래에서 돗자리를 펴고 산책 후 맛있게 먹고 왔다. 아빠는 나름 자신의 일정이라고 간식과 장소를 결정했었다.

엄마의 여행 - 보성 제암산

진짜 캠핑. 우리 가족은 숙소를 잡고 여행가는 것을 좋아했지 캠핑을 좋아하지 않아서 여름에 해수욕장에서 1박 2일 캠핑한 것이 고작이었다. 그런데 찬영이가 그늘막을 치고 잠깐 바람 쐬는 것이 아닌 진짜 캠핑을 꼭 가고 싶어 했다.

기존에 캠핑을 거의 하지 않아서 캠핑 장비를 마련해서 가야 하나 고민했지만, 찬영의 바람과 아빠의 동조로 하나둘 장비를 준비하기 시작했다. 문제는 하영이가 불편한 것을 안 좋아하는 것 같아서 고민했는데, 찬영이의 적극적인 설득으로 진짜 캠핑을 가기로 결정하였다.

가까운 교외 캠핑장은 주말 예약을 잡을 수 없어 평소 자주 산책 겸 갔던 제암산으로 결정하였다. 이번에 준비는 엄마의 계획과 아빠의 준비물 챙기기로 출발하였고, 딱딱한 바닥이었지만 초여름 쌀쌀한 저녁을 느끼며 첫 캠핑의 시작을 알렸다. 다만 산불보호 기간이고, 휴양림에서 숯불이 안 되어 '불멍' 하는 캠프파이어는 잠시 미뤄두었다.

가족회의록

▲ 안건 및 결론

안건. 가족여행 가자

-결론: 여행계획을 각자 1개씩 세워서 가고 싶은 곳에 가기

　(여행지 담당자가 계획 짜기, 예산 당일 5만 원, 1박 10만 원)

▲ 우리 가족 생각

아빠: 여행은 그 단어만 들어도 신나고 들뜨고 기대된다. 특히 가족이 함께 가는 여행은 더욱 그러하다. 하지만 아이들이 커가면서 수동적인 여행에 적극성이 떨어지거나 혹은 억지로 가는 느낌을 받으면 무척 아쉬운 마음을 금할 수 없다. 이를 가족회의에서 안건으로 이야기를 나누고 계획을 짜는 일은 매우 새로운 경험이었고, 가족 구성원 각자가 능동적인 여행 기획자가 되는 느낌을 가질 수 있었다. 그 과정에서 서로에 대한 배려와 자기가 만든 여행이라는 자긍심도 함께 가질 수 있어서 더욱 뜻깊은 회의였다.

엄마: 오랜만에 여행이라는 주제로 이야기하는 것만으로도 즐거운 시간이었다. 아직 코로나 시기에 집이 아닌 다른 곳에서 숙박한다는 것 자체가 조금 걱정되었지만, 같이 이야기하며 여행의 설렘을 오랜만에 느낄 수 있는 시간이었다. 추후에 다른 가족들이 주도적으로 여행 계획을 세워서 여행의 주체가 되었으면 좋겠다.

하영: 이번 안건으로 인하여 여행에 대해 가족과 이야기해보고 일주일마다 번갈아 가며 여행 목적지를 선택하고 계획할 수 있다는 것이 아주 기쁘다. 여행 가는 것은 좋지만 내 의견이 더 많이 반영되었으면 좋겠다.

찬영: 내가 정한 카라반이 안 되고 휴양림으로 갔는데 어드벤처가 안 돼 화가 났지만, 나중에 캠핑을 가서 괜찮았고 누나가 정한 남원에서 조금밖에 안 사 먹어서 짜증 났다. 다음에 더 많이 먹어야겠다.

▲ 사회자 한마디

여행 계획은 항상 세우는 것이지만 가족이 함께 의논하며 준비한 것은 좀 더 뜻깊었다. 가족회의가 항상 이런 주제를 가지고 논의한다면 싸울 일도 치열한 '밀당'도 없을 텐데 하는 생각이 든다. 그만큼 여행은 준비하면서부터 즐겁고, 신난다. 사회자 역할이 특별히 필요 없을 만큼 다들 자기 의견과 생각을 이야기하고, 검색하며, 다른 사람 먹는 것까지 골라주며 세상 행복한 회의를 할 수 있었다.

▲ 오늘의 간식 바나나우유(엄마 Pick)

아빠가 공부한 내용

여행 장소도 사다리를 탈 수 있을까? 서로 가고 싶어 하여 여행 장소가 정해지지 않았다면 순번을 정해서 갈 수 있을 것이다. 그 순번은 사다리를 통해서 정하면 흥미롭게 참여할 수 있다. 일 년에 한 번은 내가 정한 장소로 가족여행을 가거나 나들이를 간다면 의욕이 훨씬 커질 수 있지 않을까? 또 그 계획까지 세워보도록 한다면 더욱 멋진 여행이 될 것이다.

행복을 찾는 일이 우리의 삶을 지배한다면, 여행은 그 일의 역동성을 그 어떤 활동보다 풍부하게 드러내준다.

— 알랭 드 보통, 『여행의 기술』

여행은 가족의 모험이며, 고리를 더 튼튼하게 해준다. 여행의 시간보다 때론 여행의 계획과 준비, 다녀와서 정리가 더 많은 시간을 요구한다. 또 평소보다 훨씬 많은 에너지와 배려를 필요하게 만든다. 그러나 가족끼리 떠나는 여행은 마음의 편안함과 서로의 애정을 높여주는 장점이 있다. 이때 가족회의가 대화와 타협을 원활하게 하고 배려와 화합을 촉진하는 데 큰 역할을 할 수 있다. 치밀한 계획이 아니더라도 함께 준비한다는 것만으로도 이미 여행의 목적을 절반 이상 달성한 것이 아닐까?

2) 우리 운동해요

"하영아 운동 가자."

"어디?"

"응. 뒷산? 아님 농구 할래? 키도 커진대. 하러 가자."

"어디서?"

"학교 운동장."

"흙바닥 싫어. 모래 튀던데."

"그럼 줄넘기할래?"

"재미없어."

하영이에게 조르던 아빠는 찬영이에게 가서 묻는다.

"찬영아, 뒷산에서 농구나 줄넘기나 축구나 산책할래?"

"누나 한대?"

"아니."

"안 가."

누나를 그렇게 건들면서도 뭐든지 누나가 해야 나서는 찬영이는 들을 필요도 없다는 듯 TV를 보면서 오히려 떠들지 말라고 한다. 운동을 일주일에 4번 40분 이상씩 해야 한다고 믿고 있던 아빠는 아이들 운동량이 적어서 걱정이 하루하루 쌓여간다. 코로나 때문에 주말에 여행도 거의 가지 않아서 운동량 자체가 적은 것이 더 근심을 크게 만든다.

찬영이는 기껏 하던 방과후 축구도 코로나로 하다 안 하다 해서 결국 관심이 시들해지자 키가 안 크면 어쩌지, 하는 걱정까지 더해졌다. 걱정만 한다고 안 되니 '가족회의에 힘을 빌려야지' 하면서 아빠는 카톡에 '운동하기'를 올린다.

안건. 우리 가족 운동하기

가족회의가 있는 날이다. 오늘도 찬영이는 아침에 늦게 일어나고, 저녁엔 미술학원에 다녀와서 집에서 뒹굴고만 있다. 공원에서 줄넘기나 축구를 하고 오자고 했지만 싫다고 하며 계속 뒹굴기만 한다. 요즘은 학교에 띄엄띄엄 가고 친구들과 노는 것도 조심하라고 하니 나가라고 부추길 수도 없다. 가족회의에서 꼭 나가게 만들어야지 하고 아빠는 각오를 다져 본다.

아빠: 오늘 첫 번째 안건은 '우리 가족 운동하기'입니다. 요즘 코로나라고 수영이나 축구도 하지 않고 있어요. 또 주말 뒷산은 사람들이 너무 많다는 핑계로 거의 운동을 안 하고 있어요. 그래서 안건으로 올렸어요.

엄마: 나도 찬성. 운동이 필요하다고 생각해요. 엄마도 최근 날씨 안 좋다고 안 나가고 차 타고 다녔더니 2킬로 넘게 찐 것 같아요.

엄마가 엊그제 몸무게를 재더니 비명에 가까운 소리를 냈던 것을 떠올리며, 아빠 안건에 찬성한다.

찬영: 난 운동 안 하고 싶어요. 귀찮아요.

아빠: 찬영이가 가장 운동량이 적은 것 같은데. 같이 운동하자.

찬영: 뭐할 건데요?

아빠: 일단 산책.

찬영: 싫어요.

별생각 없이 제안한 산책이 재미없어 보였는지 찬영이가 바로 퇴짜를 놓았다.

아빠: 아니야. 산책을 기본으로 하고, 등산도 하고, 야구도 하고 축구도 하고 하자.

찬영: 정말?

아빠: 물론. 코로나니까 사람 없는 장소와 시간에 해야겠지.

찬영: 재밌는 거 아니면 안 할래요.

아빠: 그전에 우리 가족 운동하는 것은 동의하나요?

우선은 운동을 시작해보자는 의견에는 동의했다. 그래서 방법을 정해보기로 하였다.

아빠: 일단 일주일에 다섯 번은 운동하기로 하면 어떨까요? 그래야 좀 더 꾸준하게 할 것 같은데. '7540' 어때요? 일주일 다섯 번 40분씩.

아빠는 어디서 들은 운동 시간 구호를 맘대로 지어낸다. 가족들의 반응이 미지근하다.

엄마: 일주일 5일은 좀 많은 것 같아요. 너무 거창한 계획보다는 소소하더라도 실천할 수 있는 방향으로 정해야 할 것 같아요.

찬영: 음. 좋아.

다들 찬성을 하자, 이참에 확정하고 계획까지 짜자고 서둘러 이야기를 꺼낸다.

아빠: 평일에 세 번, 주말에 한 번 어때?

다들 특별한 반대가 없자 계속 이어나간다.

아빠: 뭐, 뭐 하고 싶어?

찬영: 난 축구, 자전거.

하영: 난 줄넘기, 배드민턴.

엄마: 난 홈트.

아빠: 난 산책, 등산. 그럼 내가 정리해볼게. 월요일 축구, 화요일 줄넘기, 홈트, 수요일 배드민턴, 목요일 자전거, 주말에는 주변 등산이나 산책 어때?

엄마: 난 평일엔 홈트만 할래요.

아빠: 그럼 평일에는 자기가 하고 싶은 날만 세 번 참여하는 것으로 하면 어때? 아빠는 매일 할게.

찬영: 난 축구 많이 하고 싶은데.

아빠: 같이 하면 되지. 꼭 한 종류만 하는 것 아니니까. 축구하고 배드민턴하고 하는 식으로. 동시에 하거나.

하영: 난 아홉 시 넘어서 하고 싶은데.

찬영: 난 저녁밥 먹기 전에.

찬영이와 하영이가 원하는 시간이 갈리자 아빠가 난감한 표정을 짓는다.

엄마: 일주일에 두 번은 아홉 시, 두 번은 여섯 시. 이렇게 가면 되겠네. 수요일 같은 날에 둘 다 하고 싶으면 아빠가 여섯 시 아홉 시, 두 타임 가는 식으로 하고.

아빠: 오 천재.

엄마가 해결방법을 제시해주자 아빠가 밝게 웃으면 천재라는 말을 남발한다. 모두 별다른 이견 없이 동의한다. 그리하여 모두 일주일에 네 번 운동하기로 하자는 아빠의 강력한 요구가 받아들여졌다. 운동 첫 날, 저녁 아홉 시에 하영이랑 줄넘기와 축구를 하고 왔지만, 다음 날과 그다음 날까지 아빠가 약속이 있다며 늦게 들어오는 바람에 운동을 못했다. 아빠는 미안하다고 열 번도 넘게 말하고 다음 날은 꼭 참석하겠다고 했지만, 찬영이가 다리가 아프다고 안 나가서 하영이와 겨우 줄넘기만 간단히 하고 왔다.

특히 아홉 시에는 어두워 배드민턴을 치기 어렵기 때문에 하영이도 여섯 시나 여섯 시 반으로 바꾸기로 하였다.

한 달 뒤. 다들 안 나간다고 귀찮다고 하여(특히, 찬영이) 가족회의 안건으로 다시 올라왔다. 특히 아빠가 화상회의 모임에 참석한다고 빠지는 것이 가장 큰 문제이기도 했다. 다시 시간을 조정하였다. 그래서 아빠가 없거나 여러 개인 사정으로 빠지게 되었을 때는 주말에 보충하기로 하였다. 그리고 또 문제가 발생하면 수시로 조정하면서 일주일에 최소한 네 번을 하는 것으로 이야기하였다.

가족회의록

▲ 안건 및 결론

안건. 우리 가족 운동하기

-결론: 평일 세 번, 주말 한 번, 하영이 저녁 9시 시작, 찬영이 저녁 6시 시작

- 월요일 축구
- 화요일 줄넘기, 홈트
- 수요일 배드민턴
- 목요일 자전거
- 주말에는 등산이나 산책
- 엄마는 홈트만. 하영이랑 찬영이는 평일 3일 참석하기

-결론 보완: 하영이 6시 또는 6시 30분 시작. 빠진 것은 주말에 보충하고 일주일에 최소 4번 하기

▲ 우리 가족 생각

아빠: 운동을 스스로 하거나 친구들과 잘 어울리면서 하면 좋겠지만, 코로나 시기에는 그런 부분을 자유롭게 또는 권장할 수 없는 부분이 가장 걱정이었다. 그런데 가족회의에서 좀 더 진지하게 이야기를 나누었고, 같이 해 보자고 정한 것이 좋은 계기가 된 것 같다. 최근 다이어트를 하면서 간식을 줄이고 있지만, 무엇보다 가족과 함께 운동하면서 평소 못하던 이야기를 할 수 있는 기회가 될 수 있을 것 같아서 좋았다.

엄마: 운동할 기회가 없는 요즘 특별히 신경 써야 할 부분 중 하나가 운동인 듯하다. 요즘 들어 늘어난 몸무게가 나의 운동 욕구를 자극한다. 열심히 해서 코로나 이전의 몸무게를 되찾는 그 날까지 파이팅을 다짐해본다. 특히 아들도 운동을 좋아할 기회가 된다면 좋겠다. 점점 살이 올라 둔해지고 키도 안 클까 봐 걱정된다.

하영: 요새는 잘 안 하지만 나도 홈트를 한다. 그래도 코로나로 인한 운동량이 적어진 것은 사실이기 때문에 이 안건은 좋은 안건인 것 같다. 최근 운동이 뜸해지고 있어서 또 다시 안건을 제출해서 한 번 더 해 봐야 하는 안건이다.

찬영: 운동은 하기 싫지만 그래도 해 보기라도 해야겠다. 그리고 난 방과 후를 하고 싶다.

▲ 사회자 한마디

가족의 행사나 활동을 회의에서 정할 때는 모두의 요구나 희망 사항의 공통점을 모으는 것이 필요하다. 혼자 할 수 있는 것도 있고, 같이 하는 것도 있는데, 큰 목표를 정해두고, 그것을 어떤 방식으로 할 것인지 정하는 데 초점을 맞출 필요가 있다.

주말에는 모두 같이, 평일에는 소그룹으로 하기로 했다. 같이하면 좋겠지만 하고 싶은 것들이 조금씩 다를 때 조정을 하여 최대한 많이 하는 방법을 찾아본 것이다.

한 번에 모든 것을 정확하게 계획하기보다는 일단 일주일 시행해보고 조정을 해나가면서 지속적으로 하는 것이 중요하다. 때에 따라서는 못했을 때 어떻게 보충할 것인지 정하는 것도 도움이 되겠다.

▲ 오늘의 간식 피자(아빠 Pick)

아빠가 공부한 내용

가족이 함께하는 활동을 찾는 노력은 가족회의의 중요한 주제이다. 함께할 수 있는 정기적인 운동을 찾는다면 코로나 시기에서도 건강도 챙기고 우울증을 날려버릴 가장 좋은 방법이 될 것이다.

꾸준히 스포츠 활동에 참여한 청소년은 끊임없이 그 과정을 통해 승리와 패

배, 실패와 성공, 좌절과 도전의 메커니즘과 이치를 배우게 된다.

— KBS운동장프로젝트 제작팀, 『운동하는 아이가 행복하다.』

이 책에서 마이클 조던이 9천 번 넘게 슛을 실패한 것이 오히려 성공비결이라고 한 일화와 『운동화 신은 뇌』의 저자인 존 레이티 교수가 운동이 뇌 발달을 촉진한다는 설명에서 운동의 중요성을 다시 한 번 느끼게 된다. 마이클 조던과 레이티 교수의 말처럼 운동은 그 자체도 좋지만, 자신을 성장시키고, 다른 분야 발달을 촉진하는 면에서 아이들에게 더욱더 중요하며 그 영향은 어린 시기일수록 더 크게 작용할 것이다.

최근 운동은 학교 체육 시간에 이루어지는 것과 간혹 태권도학원에 다니는 학생들을 제외하고 거의 하지 못하는 경우가 많다. 부모와 함께하는 것은 더욱더 적을 것이다. 주말에 어쩌다 한 번 가족들과 산책하는 경우를 제외하고 많은 학생이 하루 30분 운동하기가 어렵다.

최근 공공기관에서 운영하는 '신나는 주말 생활체육' 프로그램도 코로나 때문에 대부분 미뤄지거나 취소되고 있다. 이럴 때일수록 부모와 함께 산책이나 정기적인 운동을 할 방법을 모색하기 위해 가족회의를 하고, 오늘 당장 할 수 있는 것부터 실천하는 것이 중요하겠다.

3) 책, 책, 책을 읽읍시다

"찬영아 책 읽자."

"싫어." 부쩍 모든 것이 하기 싫어진 찬영이. 작년엔 학교 쉬는 시간과 아침 시간, 방과 후 기다리는 시간까지 합해서 하루 30분에서 많게는 1시간까지 넘게 읽었는데, 아침 시간도 거의 없고, 방과 후 도서실 가는 시간도 거의 없다 보니 아예 책을 안 읽는 모양새다.

"너 어제 얼마큼 읽었어?"

"안 읽었는데."

"그제는?"

"안 읽었는데."

"이번 주는?"

"학교 쉬는 시간에 조금 읽었어."

찬영이가 아예 안 읽은 것은 아니라고 하자, 아주 조금 안심이 되었다.

"찬영아, 책 읽어야 하지 않겠어?"

"내가 알아서 해."

찬영이가 귀찮다는 듯 상관 말라고 하자 아빠는 더욱 고민이 된다. 억지로 읽게 해 보았자, 별로 효과가 없을 듯 하고 그렇다고 마냥 둘 수도 없는 노릇이기 때문이다. 특히 학교에서 하는 '독서마라톤' 행사가 없을 때는 읽을 생각조차 안 하는 것에 아빠는 더욱 답답한 심정이다. 그래서 이 문제를 가족회의에서 이야기하면 좋겠다고 생각하고 '우리 가족 함께 독서하기'라고 안건을 올렸다.

안건. 우리 가족 함께 독서하기(독서퀴즈)

아빠: 오늘 가족회의 첫 번째 안건은 '우리 가족 함께 독서하기'입니다. 이 안건은 제가 올렸는데요. 요즘 찬영이가 책을 안 읽고 있는데, 좋은 방법이 무엇일까 생각하다가 안건을 올리게 되었어요.

엄마: 저도 찬성해요. 함께하면 좋을 것 같아요. 독서 골든벨을 하든, 독서퀴즈를 하든, 독후감 쓰기를 하든.

하영: 나도 찬성. 재미있을 것 같아요.

찬영: 나는 별로인데, 상품도 있어요?

아빠: 당연하지. 대회를 하면 상품도 당연히 있지.

찬영: 음. 생각해보고요. 뭐할 건데요?

아빠: 난 독서퀴즈대회가 좋을 것 같아. 같은 책을 읽고, 각자 몇 문제씩 문제를 내서 많이 맞히는 사람이 우승하는 것 어때?

하영: 난 찬성.

하영이는 벌써 우승이라도 한 듯 찬성을 외친다. 찬영이가 고민하는 표정을 보이자, 아빠가 어드밴티지를 주자고 이야기한다.

아빠: 찬영이가 어리니까. 추가 점수를 주면 어때?

찬영: 좋아.

찬영이가 추가 점수에 표정이 밝아진다.

하영: 난 반대. 그럼 찬영이만 유리하잖아요.

아빠: 그래서 독서퀴즈를 네 문제씩 총 네 명이니까 열여섯 문제, 16점 만점이라고 하고 3점만 주면 좋을 것 같은데 어때? 하영이도 1점 주는 것도 괜찮고.

엄마: 우선 시도해보는 게 좋으니까 일단 이대로 해 보고 문제가 있으면 조정하면 어때? 아빠 말처럼 해도 찬영이에게 불리할 것 같은데.

하영: 난 필요 없어요. 그럼 찬영이 1점만 줘요.

어찌어찌 점수 배분에 대해서는 합의하고 책 선정 방법과 시기를 이야기하기로 했다.

찬영: 책은 어떻게 정해요?

아빠: 순서대로 하자. 순서를 정해서 하고 싶은 책 추천하는 방식으로. 어때?

모두: 좋아요.

하영: 그럼 언제 해요?

아빠: 수요일 가족회의 하니까 금요일이나 토요일에 하면 좋을 것 같아요?

찬영: 난 토요일.

하영: 나도 토요일 좋아.

아빠: 그럼 토요일 저녁 먹고 하는 것으로 할까?

모두: 네.

찬영: 그런데 상품은 뭐예요?

찬영이가 잊고 있던 상품에 대해 묻자, 아빠는 당연히 물어볼 줄 알았다는 듯 '읽고 싶은 책 사주기'는 어떠냐고 묻는다.

하영: 난 찬성.

1등 상품으로 책을 사준다고 하자, 하영이가 재빨리 대답한다.

찬영이도 누나가 좋다고 하자 찬성을 했다. 그리하여 독서퀴즈가 시작되었다.

일주일 뒤. 첫 번째 책으로 『깜냥이』라는 책이 결정되었고, 다들 마감 시간까지 책을 겨우 읽고 모였다. 각자 4문제씩 출제하여 돌아가면서 풀어 보기로 했다.

첫 번째 점수는 원래 점수 기준 하영이 14점, 엄마 13점, 아빠 12점, 찬영이가 9점이었고, 보완점수 결과는 14점, 13점, 12점, 10점으로 찬영이가 꼴등을 차지했다. 찬영이는 시무룩한 표정을 지었고, 아빠는 점수에 대한 수정 의견을 냈다.

"찬영이는 차이가 많이 나니까 2점을 더 주자, 그리고 1등 한 사람은 다음 주에 1점 감점하면 좋을 것 같아. 계속 하영이만 1등 하면 찬영이가 속

상하지 않을까? 물론 아빠 엄마가 1등 할 수도 있지만."

"왜 계속 1등 하면 안 돼? 더 열심히 읽으면 되지" 하고 하영이가 반론을 냈다.

"오늘 보니, 찬영이가 아직 익숙하지 않더라. 그러면 가족독서퀴즈가 안 되지 않을까? 찬영이까지 같이 해 보면 좋을 것 같아. 나중에 익숙해지면 없애자."

아빠의 말에 하영이도 더는 주장하지 않고, 고개를 끄덕인다.

다음 주에도 다시 하영이가 우승을 했다. 하영이는 연속 우승을 해서 2점을 빼기로 했다. 약간 불평은 있었지만, 찬영이도 독서퀴즈에 참여하자는 의견에 동의하여 조정하였고, 그다음 주에는 찬영이가 우승을 차지했다. 찬영이는 만면에 웃음을 띠고 한껏 누나 앞에서 으스대었다. 누나는 '칫' 하면서 다음 책은 내가 꼭 이길 거라고 선언을 하였다.

▲ 안건 및 결론

안건. 우리 가족 함께 독서하기

-결론: 독서퀴즈하기

　　　각자 4문제씩 16문제, 1문제에 1점씩

-결론 보완: 지난 우승자 1점 감점, 찬영이 어드밴티지 1점

▲ 우리 가족 생각

아빠: 가족이 함께 독서할 수 있는 자리가 되어서 참 좋았다. 1주, 2주 지나면서 오히려 내가 책을 읽고 퀴즈를 만들 시간이나 여유가 부족하지 않을까 하는 생각이 들었고 정말 책을 열심히 읽는 계기가 되는 것 같다. 다들 열심히 하겠다고 하자, 좋은 가족 문화가 되지 않을까 생각해본다.

엄마: 책을 온 가족이 함께 읽고 공유한다는 것은 쉬운 일이 아니다. 우선 내가 읽기 싫은 책도 퀴즈를 풀기 위해 시간과 노력을 할애해야 하기 때문이다. 그럼에도 불구하고 같이 하나의 책을 읽음으로써 생각을 공유하고 서로 독려하는 모습에서 책 읽기의 장점을 발견한다. 이 프로젝트가 좀 더 장기전이 되어 아이들의 독서 습관에 도움이 되었으면 하는 바람이 있다.

하영: 독서퀴즈를 함으로써 우리 가족이 일주일에 한 권씩 읽는다는 것이 참 좋은 것 같다. 또 이 퀴즈를 통해서 책도 많이 살 수 있고 상품도 걸려 있기 때문에 더 열심히 집중적으로 할 수 있던 것 같다. 그리고 '온 책 읽기'처럼 하는 것이 참 재미있고 앞으로도 계속했으면 하는 내용이다. 하지만 엄마가 찬영이한테 녹음하면서 읽어준다고 하고, 아빠가 책을 안 읽어서 최근에는 하지 못해 정말 짜증 나고 독서퀴즈를 안한 지 한 달은 된 것 같아 더 짜증난다. 다시 안건을 올려야겠다.

찬영: 독서퀴즈에서 이겼다. 또 이기고 싶다. 누나가 1등 못하게 책을 많이 읽어야겠다.

▲ 사회자 한마디

독서퀴즈를 통해 가족이 독서활동을 꾸준히 즐겁게 참여하게 되었다. 이것은 가족회의를 통한 가족의 문제 해결뿐 아니라 가족 문화를 만들어갈 수 있다는 측면에서 매우 긍정적인 효과를 가져온다. 독서 퀴즈왕을 뽑는 부분은 초기에 흥미를 높이게 하

고, 뿌리내리는 데 도움이 될 것이다.

회의를 거듭하면서 독서 퀴즈왕에서 독서토론이나 독서모임 활동으로 만들어간다면 가족 독서활동이 성숙한 독서 문화를 정착해갈 수 있을 것이다. 금방 시들해지는 가족 활동이 되지 않도록 가족회의에서 작은 걸음이지만 뚜벅뚜벅 꾸준히 해나간다면 단순히 가족 간의 대화나 활동이 늘어나는 것을 넘어서서 가족의 창의적이고 개성 있는 문화를 만들어갈 수 있다.

▲ **오늘의 간식** 치킨(찬영 Pick)

아빠가 공부한 내용

함께 하는 운동이 코로나시기에 가족의 건강한 체력을 책임져주듯 함께 읽는 독서 활동은 가족의 건강한 문화를 만들어줄 것이다.

공부와 독서는 억지로 시킬수록 오히려 더욱 싫어하게 만들 수 있다. 하지만 함께할 수 있는 작은 것들부터 찾아보고 함께해본다면 어떨까? 가족이 함께해나간다면 독서에 거부감도 줄어들고 나아가 자기 주도적인 독서 습관도 길러질 것이다.

> 독서 후에는 자녀가 책 속에서 가장 인상 깊게 읽었던 부분을 가족에게 발표하는 시간을 가지거나 글로 써 보게 하는 것도 좋다.
> ― 전도근, 『다산에게 인생을 배우다』

독서교육은 학교에서 많이 하고 있지만, 독서 습관과 독서의 취미는 가정에서 시작하게 된다. 엄마가 읽어주던 그림책과 이야기책부터 시작하여 점차 줄글이 많은 책을 읽어가는 과정은 가정에서 시작하여 이어간다. 학교에도 많은 독서교육을 하고 있지만, 그 점검과 특정한 주제에 관한 공부를 할 뿐 읽는 과정 대부분은 집에서 이루어진다. 그만큼 독서교육은 가정에서 얼마나 이루어지는지가 매우 중요하다.

가족회의와 더불어 가족이 함께하는 독서활동은 책의 내용을 가장 편안한 사람들과 나누면서 사고의 크기를 키워준다. 또 독서의 즐거움을 느끼는데 최고의 장소와 여건을 만들어 줄 수 있다. 나아가 서로 하고 싶은 독후 활동을 하나씩 함께해보고, 좋은 것은 꾸준히 한다면 독서의 역량도 높이는 좋은 기회가 될 것이다.

4) 미니멀라이프 실천해요

아빠는 요 며칠 열심히 검색하더니 책상을 주문했다. 컴퓨터 책상으로 쓰겠다고 주문한 것이다. 문제는 기존 책상을 버리지 않고, 창고에 처박아놓았다는 것이다. 엄마는 안 쓸 것을 바로 버리지 않고, 쟁여놓았다가 버리는 것이 매우 못마땅했다. 저번에도 아빠는 보조 선반을 샀는데 공간이 부족해서 버리라고 했지만, 다른 곳에 쓴다고 창고에 넣어놓았던 것이다.

주말 저녁, 아빠가 사용하는 책상 위에 요즘 안 쓰는 스피커, 작은 바구니, 안 쓰는 필기도구 등이 굴러다니는 것을 보고 '안 쓰거나 정리 안 할거면 좀 버려요'라고 타박을 주었다. 집에서 아빠와 찬영이는 정리도 엉망이었다. 엄마는 '안 쓰는 것은 버려서 정리하면 좋겠는데' 하는 생각을 항상 하고 있었고, 언제 결판을 볼까 하고 타이밍을 재고 있었다.

월요일, 아빠는 하영이랑 도서관에서 갔다가 미니멀라이프와 수납법에 대한 책을 보게 되었다. 엄마가 자주 하는 말과 관련된 내용이라서 알고는 있지만, 평소 가치관과 달라서 관심도 없었는데 '참고는 해야지' 하고 읽어보게 되었다.

안건 1. 버리는 날 정하기

아빠: 오늘 첫 번째 안건은 버리는 날을 정하는 것입니다.

아빠가 안건을 소개하며 회의의 시작을 알렸다.

아빠: 이건 제가 낸 안건인데, 이제 매주 하루를 필요 없는 것 버리는 날로 정해서 버렸으면 좋겠습니다.

평소 버리는 것을 싫어하는 사람이 이런 의견을 내자 가족들은 의아한 눈길을 보낸다.

아빠: 엊그제 '미니멀라이프' 관련 책을 읽었는데 우리 집에 쓸데없이 물건이 많은 것 같아서 좀 줄였으면 하는 생각이 들었습니다.

엄마: 찬성이요. 엄마가 생각하기에도 우리 집에는 안 쓰는 물건이 좀 많은 것 같습니다.

엄마는 곧바로 찬성을 외친다.

하영: 나도 찬성.

하영이도 동참한다.

엄마: 찬영이는?

아빠와 마찬가지로 찬영이는 말이 없다.

아빠: 크게 반대 없으면, 그럼 요일을 금요일로 정하고 그날 필요 없는 것을 모아서 정리하면 좋겠는데 의견 주세요.

아빠가 의견을 타진한다.

찬영: 난 반대.

찬영이가 뒤늦게 반대의견을 표명한다. 엄마는 찬영이에게 집중하며 이야기한다.

엄마: 그럼 찬영이는 정리를 잘하는 것으로 하고 정리 안 된 것을 모았다가 나중에 버리는 것은 어때?

엄마가 최대한 양보하여 안을 내자. 찬영이도 고개를 끄덕인다. 얼마만큼 실천될 것인지 기대하며 회의를 마무리했다.

안건 2. 글씨 예쁘게 쓰기

아빠: 다음 안건은 '글씨 예쁘게 쓰기'입니다. 엄마가 안건을 설명해주세요.

엄마: 찬영이와 하영이 글씨가 점점 엉망이 되어갑니다. 글씨를 예쁘게 썼으면 좋겠습니다.

찬영이와 하영이는 할 말이 없는지 책상 바닥만 보고 있다.

아빠: 글씨는 바르게 써야 알아보기도 좋고 나중에 좋은 인상을 줄 수 있으니 저번에 산 글씨 연습 책으로 다 같이 연습해보면 좋겠습니다.

아빠가 다시 목소리를 가다듬고 의욕적으로 회의에 동참한다.

찬영: 싫어요. 귀찮아요.

찬영이는 평소 싫다는 표정과 억양으로 반대 의사를 분명히 표시한다.

찬영: 그리고 그 책 글씨 맘에 안 들어요.

하영: 난 좋아. 연습해볼게요.

다행히 하영이는 그 글씨가 맘에 들었는지 연습해보겠다고 한다. 평소 글씨 쓰기를 무척이나 싫어하던 찬영이는 아빠의 설득 끝에 다른 글씨체를 출력해서 숫자라도 연습하기로 하고 회의를 정리했다.

일주일 후 금요일. 엄마는 찬영이 방, 컴퓨터 방에 있는 물건 중 서랍에 들어가 있지 않고 정리 안 된 것 전부를 방 밖으로 내놓았다. 그것으로 '버리는 날' 시행의 시작을 알렸다. 아빠와 찬영이는 평소 정리도 잘 하지 않

있는데 엄마는 지난주 버리는 날 정하기를 기점으로 아빠와 찬영이 방의
강제 정리에 들어간 것이다. 아빠는 그것들을 정리하면서 안 입는 옷, 오래
된 모자, 낡고 안 쓰는 독서대 등 다섯 가지 이상을 분리수거함과 쓰레기
봉투에 넣었다. 찬영이도 정리하면서 포켓몬과 터닝메카드 카드와 인형 및
딱지 등을 정리하였다.

　엄마는 창고에 있는 것까지 싹 다 버렸으면 하는 마음이지만 첫 주니까
'이것도 많은 발전이네!' 하는 마음으로 바라보았고, '그 다음 주에는 무엇
을 버려야 더욱 집이 넓어질 수 있을까?' 하고 생각하였다.

　글씨 쓰기 연습은 아빠가 바빠서 출력을 안 해 오는 바람에 미뤄졌고, 2
주 후에 가져왔지만 이미 하고 싶은 마음이 안 들어서인지 다들 아빠 핑계
를 대면서 보이콧을 선언했다. 아빠는 다시 안건을 내거나 다른 책을 사서
하자고 하고 일단 물러섰고, 다음에는 안건을 빨리 시행하도록 노력해야
겠다고 마음을 다잡았다.

▲ 안건 및 결론

안건 1. 버리는 날 정하기

-결론: 일주일에 하루 버리는 날을 정하고, 정리 안 된 것은 모았다가 확인 후 버리기

안건 2. 글씨 예쁘게 쓰기

-결론: 글씨 연습 책 같이 연습하기

▲ 우리 가족 생각

아빠: 미니멀라이프는 평소 나와 다른 방식이라서 거부감이 많이 있지만, 정리하기 위해서는 분명 버려야 하는 것이 맞는 말이기에 그 방향에 대해 회의를 제안하였다. 매주 버리는 습관을 갖고, 정리를 해나가는 모범을 보여야겠다는 각오를 다지는 회의가 되었다. 그리고 글씨 쓰기 연습에 대해서는 함께하는 제안을 지키지 못해서 반성하게 되었고, 다시 제안하여 실천하도록 노력하겠다.

엄마: 그토록 바라던 미니멀라이프를 실행할 기회가 왔다. 나도 잘 못 버리는데, 나보다 더 못 버리는 사람을 만나 집에 안 쓰는 물건이 근 10년간 쌓여왔다. 이번 버리는 날을 계기로 살림살이가 조금은 가벼워지길 기대해본다.

하영: 버리는 날을 정한 것은 정말 잘한 일이다. 우리 집은 일주일만 지나도 집이 쓰레기통처럼 되어버리고, 아빠는 별 쓸모없는 것도 모조리 사들여 놓아둘 공간이 없기 때문이다. 이 안건이 잘 지켜진다면 집이 덜 복잡해지고 정리될 텐데, 이 안건에 대해서는 더 노력이 필요할 것 같다.

찬영: 아빠가 물건을 안 버려도 된다고 생각한다. 나도 안 버리기 때문이다. 그리고 글씨 쓰기 연습은 정말 싫다. 하지만 이미 결정이 되었기 때문에 노력하겠다.

▲ 사회자 한마디

가족이 함께하는 활동은 가족 모두의 동의가 필요하다. 가족들에게 그 활동의 장단점을 함께 살펴보고, 모두의 의견을 수렴하여 실제 가능한 것들로 계획을 세워야 한다. 때론 참여하기 싫다고 하거나 거절한다면 차분히 생각할 시간을 주거나 시범적으로 시행하는 것도 좋은 방법이다.

실시하면서 나타나는 문제점이나 보완사항들을 반영하여 효과적인 운영이 되도록

논의해야 한다. 간단한 사항들은 동의를 얻어서 반영하고, 핵심적인 것은 다음 회의 때 회의를 통하여 결정하는 것이 좋다. 너무 자주 바꾸거나 누군가에게 유리하게 하는 것은 조심해야겠지만, 명확하게 나타나는 부분에 대해서는 시의적절하게 대처하는 유연한 적용도 필요하다.

예를 들어 '버리는 날'을 언제 얼마만큼 할 것인지, 버리는 날과 정리정돈을 함께할 것인지에 대해서 가족이 함께 아이디어를 모으고 해나간다면 더욱 효율적으로 운영할 수 있다.

▲ **오늘의 간식** 마카롱(하영 Pick)

아빠가 공부한 내용

옷과 펜은 입는 옷만 입고, 쓰는 펜만 쓴다. 티는 다섯 벌, 펜은 세 개면 부족하지 않다. 하지만 나의 옷장과 필통에는 2년 넘게 안 입는 옷과 5년 넘게 안 쓴 펜이 좀 부풀리면 수십 개씩 있다. 심지어 어떤 흰 티는 얼룩졌는데도 걸레로 쓸까 하고 버리길 머뭇거리다가 아내가 쓰레기통에 넣는 경우도 많다.

> 비울 위기에 처한 물건들을 책상 위에 올려두고 하나씩 사진을 찍었다.
> — 에린남, 『집안일이 귀찮아서 미니멀리스트가 되기로 했다』

물건은 가지고 있으면 먼지만 쌓여 청소할 시간만 늘어나는 경우가 많다. 위 책의 저자는 공유할 목적으로 사진을 찍었다가 상태가 안 좋아서 버렸다고 했었다. 차라리 사진 한 장을 남겨서 아쉬운 마음을 달래고, '일주일에 한 번 출국 심사를 시켜보면 어떨까?' 제안하고 싶은 생각이 들었다. 그렇게 하나씩 하나씩 줄여나간다면 더욱 넉넉한 공간을 확보하고 찾는 시간과 정리하는 시간, 청소하는 시간을 줄여나갈 수 있을 것이다.

3. 위기를 기회로!

1) TV·유튜브·게임 너무 많이 해요

"찬영아, 와서 밥 먹어."

엄마가 부르는데도 찬영이는 TV만 보고 있다.

"밥 다 되었으니까 식탁에 앉아."

여전히 찬영이는 TV를 보고 있고, 엄마가 와서 TV를 끄자 그제야 투덜 대며 식탁으로 간다.

그날 오후 학교에 다녀와서 학원 가기 전까지 TV를 계속 보다가 학원 다녀와서 저녁 먹기 전까지 또 TV를 보았다. 그만 보라고 이야기하면 '조금만 더' 하고 계속 본다. 저녁을 먹고 나서, 컴퓨터 앞에 앉아 또 유튜브로 '흔한 남매'를 보고 있다.

그것을 본 엄마는, "찬영아, 너 오늘 벌써 세 시간 가까이 본 것 같다. 오늘 그만 보렴" 하고 달랜다. 찬영이는 '조금만 더' 하다가 엄마 목소리가 커진 것을 알고 한참 후에 컴퓨터를 끈다. 그날 저녁 엄마는 아이들이 TV를 너무 많이 본다고 생각하며 '텔레비전 시간 조정을 꼭 가족회의 때 이야기해야지' 하고 마음을 먹었다.

안건 1. TV를 너무 많이 봐요

오늘 안건은 두 가지가 올라왔다. 엄마는 카톡으로 올렸고, 찬영이는 회의 시작할 때 '아 생각났다' 하고 평소 좋아하는 라면을 더 먹자고 안건을 올렸다.

아빠: 첫 번째 안건은 TV 시간에 대해 엄마가 낸 내용인데요. 먼저 엄마의 이야기를 들어보도록 하겠습니다.

엄마는 목소리를 가다듬고 이야기한다.

엄마: 하영이와 찬영이가 TV를 너무 많이 봅니다. 특히 코로나로 집에서 유튜브 보는 시간이 늘어나서 그 시간까지 포함해서 시간을 조정했으면 좋겠습니다.

엄마는 단호하게 이야기했다. 찬영이와 하영이는 TV를 많이 본 것은 사실이지만 시간은 포기할 수 없다는 표정으로 앉아 있다. 먼저 찬영이가 말을 한다.

찬영: TV를 하루 40분으로 늘렸으면 좋겠습니다. 지금도 부족합니다.

엄마: 반대합니다. 지금 평일 30분, 주말 40분을 보기로 해 놓고도 1시간 넘게 보는 날이 많습니다. 특히 찬영이가요. 그래서 늘리는 것은 반대합니다.

엄마에게는 물러설 수 없는 단호함이 엿보였다.

아빠: 그럼 늘리지는 말고, 유튜브를 많이 보니까 유튜브나 컴퓨터로 영상 보는 것을 텔레비전 시청 시간에 포함하는 건 어떨까요?

아빠가 중재를 위해서 바로 이야기를 꺼낸다. 찬영이와 하영이가 크게 반발이 없자, 아빠는 정리해나간다.

아빠: 그럼 시간은 지금처럼 하고, 컴퓨터로 유튜브나 영상 보는 시간도 텔레비전으로 포함해서 시간을 지키도록 노력합시다. 서로 노력하지 않으면 약속한 의미가 없어지는 것 같습니다. 그리고 게임은 주말에만 2시간 이내로 하기로 해요.

모두: 네.

안건 2. 라면 많이 먹고 싶어요

다음 안건은 찬영이가 오늘 회의 직전에 생각해낸 것인데, 라면을 많이 먹고 싶은데 자주 안 끓여주자 제출한 안건이었다.

찬영: 라면을 매일 끓여주세요. 맛있는 건 자주 먹고 싶어요.

찬영이가 말을 꺼내자 평소를 라면을 제일 많이 먹는 아빠가,

아빠: 건강에 좋지 않으니 일주일에 한 번 정도가 좋겠어요.

찬영: 적어요. 더 많이 먹고 싶어요.

엄마: 그럼 일주일에 면 요리 스파게티 같은 것 포함해서 두 번으로 하

면 어떨까요? 찬영이는 어떻게 생각하나요?

엄마가 중재하듯 강조해서 이야기한다.

찬영: 네 좋아요.

다들 그렇게 하기로 하여 모든 안건을 마쳤다. 무척 긴장되고 밀고 당기는 것이 많은 회의였지만 아무튼 결정되었고, 다음 주까지 열심히 하기로 하였다.

회의가 끝난 다음 날부터 1주 동안, 하영이는 게임 시간을 두 시간 가득하고 싶어서 평일에 TV를 줄이고 주말에 게임을 두 시간 가득하였고, 찬영이는 유튜브 시간을 줄였지만, 여전히 주말에 게임 시간이 없다고 힘들어 했다. 하지만 시간을 지키도록 노력하는 모습을 보였다.

가족회의록

▲ 안건 및 결론

안건 1. TV를 너무 많이 봐요

-결론: 총 TV, 유튜브, 게임 시간은 총 230분(평일 30분, 주말에 40분), 평일은 게임 안 하고, 주말만 2시간 이내로 하기

안건 2. 라면 많이 먹고 싶어요

-결론: 일주일에 면 요리 2번

▲ 우리 가족 생각

아빠: 유튜브와 게임이 가장 심각한 문제라서 오늘 이야기를 할 수 있어서 좋았다. 조금이라도 중독에 대해 경계심을 가지고 사용한다면 좋을 것으로 생각한다.

엄마: TV 시청 시간에 대해 잔소리로 반응하지 않고 스스로 고민해볼 수 있는 시간을 가질 수 있었다. 이것을 계기로 실행에 옮겨 서로 얼굴 붉히는 일이 줄어들 길 희망해본다.

하영: 간식이 너무 좋아요. 가족회의를 하려면 간식은 필수! 게임을 주말에 2시간 이상 할 수 있는 것이 아니고 2시간밖에 할 수 없어서 싫은 것도 아니고 좋은 것도 아니고 그저 그랬다.

천용: 난 텔레비전을 많이 보았다. 하지만 이제 좀 시간을 잘 조정해서 봐야겠다.

▲ **사회자 한마디**

핸드폰과 인터넷 중독에서 가장 중요한 것은 가족이 함께 관심을 갖고 실천하는 것이다. 특히 무엇보다 회의를 통해 시간을 정하고 그 규칙이 잘 지켜지는지 확인하고 스스로 실천하도록 하는 것이 가장 중요할 것이다. 이렇게 규칙을 정해야 할 경우 충분히 아이들이 이야기를 들어보아야 하고, 실제 실천할 수 있는 내용으로 결정해야 한다. 이후 실천내용을 점검하고 조정하는 과정을 반복하는 것이 필요하겠다.

▲ **오늘의 간식** 생과일주스 (하영 Pick)

아빠가 공부한 내용

유튜브와 게임. 유튜브는 코로나19로 인해 원격수업을 하면서 아이들과 너무 가까워졌다. 선생님도 많은 수업 자료를 유튜브로 활용하면서 더욱 떼려야 뗄 수가 없게 되었다. 그렇다고 무한정 시청 시간을 방치해서는 안 되겠다. 핸드폰과 컴퓨터나 스마트패드 영상 시간을 체크하고 관리하는 것이 중요하다. 더불어 스스로 관리할 수 있도록 지속적으로 이야기하고 이용 시간을 줄인 것에 대해 격려하는 것이 무엇보다 중요할 것이다. 이 둘은 반드시 병행하여 좋은 습관을 갖고 스마트폰에 중독되지 않도록 하는 데 꼭 필요한 것이다.

예를 들어 마술을 유튜브로 공부를 하는데, 공부인지 놀이인지는 애매한 부분이 있다. 무언가를 배우고 있는데 무작정 멀리하라고 할 수는 없는 것이다. 하지만 하루에 2~3시간씩 시간 구애받지 않고 한다면 분명 제한이 필요해보이고, 얼마나 허용하는 것이 좋을지 고민하게 된다.

이때는 무엇보다 토의나 회의를 통해 정말 중요한 것이 무엇인지 또한 현재의 상태와 요구를 종합적으로 고려해 협상한 후 실천하고 이를 스스로 지키는 데 초점을 맞춰나가야 할 것이다.

유튜브는 장단점이 극명하게 나뉘고 있다. 요즘은 운동, 헬스, 홈트, 골프도 유튜브를 통해 정보를 얻고 배우는 어른들이 매우 많아지고 있다. 어른이 먼저 영상 매체 이용에 대해 고민하고 가족회의에서 그 내용을 다루어본다면 함께 생각할 기회가 될 것이다.

2) 피아노 치는 시간 정해요

저녁을 먹고 나서 하영이는 방에서 책을 보고 있고, 찬영이는 여기 기웃 저기 기웃하더니 엄마가 컴퓨터 이용 시간이 다 되었다고 말하자, 하영이 방으로 간다.

하영이는 최근 들어 부쩍 책 읽는 것을 좋아하더니 어제는 앉은 자리에서 한 권을 다 읽고는 '다 읽었다' 하면서 3시간 만에 소파에서 일어나 기지개를 켰다. 오늘은 다른 책을 골랐는지 저녁을 먹자마자 읽고 있다.

찬영이는 들어오자마자, 누나를 한 번 쳐다보더니 피아노를 치기 시작했다. 누나가 지금 책 읽고 있으니까 조금 있다가 치라고 이야기했지만 듣는 척도 하지 않고, 평소 잘 치지도 않는 피아노를 쿵쾅거리면서 치기 시작했다. 대회가 있는 것도 아니고, 매일 치던 것도 아닌데, 누나 방에 들어와서 그냥 있으면 어색하고 계속 있을 이유가 없으니 피아노를 치는 것이

다. 그것도 누나가 조용히 책을 읽고 있는데 말이다.

하영이는 점차 붉으락푸르락하더니 '나가, 나가라니까? 나가라고!' 하며 점차 목소리가 커져갔다. 하영이가 도저히 못 참고, 빽 소리를 지르고 거실로 나가자, 채 1분도 안 되어 피아노 소리는 들리지도 않는다. 그리고는 금세 방에서 나와 큰방으로 가서 엄마에게 달라붙어 모른 체 딴짓을 한다. 하영이는 찬영이를 힐끔 쳐다보고는 방으로 들어가서 문을 꽝하고 닫는다.

며칠 후 토요일 비가 와서 하영이가 방에서 쉬고 있는데, 찬영이가 들어와서 '피아노 칠 거야' 하고는 피아노를 치기 시작한다. 하영이는 이불을 둘러쓰고, 안 들으려고 했지만 최근 부쩍 손가락 힘도 세지고 있고, 페달까지 밟으며 방이 떠나가게 치는 소리 탓에 방을 나가지 않고 버틸 수 없는 지경에 이르고 만다.

하영이가 '세 곡 쳤으면 그만해라' 하고 좋게 이야기했지만, 찬영이는 계속 피아노를 있는 힘껏 쳐 나간다. 15분을 버티던 하영이는 결국 큰방으로 도망을 가고, 차분히 비 오는 토요일 아침을 즐기려던 기분은 결국 찬영이의 방해로 무산되고 만다. 그리고 '피아노 시간 정하기'라고 안건을 올린다.

안건 1. 피아노 치는 시간 정하기

아빠: 오늘 첫 번째 안건에 대해 말씀드릴게요. 하영이가 올린 안건인데요. 하영이 설명해주세요.

하영: 찬영이가 시도 때도 없이 피아노를 치고 있고, 허락도 없이 들어와서 사생활 침해가 됩니다.

찬영: 누나 방에만 피아노가 있으니까 그렇지! 이건 내 잘못 아니야!

하영: 허락도 없이 방에 들어와서 치고, 치지 말라고 해도 계속 쳐서 못 참겠어요.

찬영: 나도 피아노 때문이 아니면 누나 방에 안 들어가요.

아빠: 그럼 하영이는 어떻게 하면 좋겠니?

하영: 찬영이가 피아노 치는 시간을 정했으면 좋겠어요.

찬영: 그럼 누나도 피아노 치는 시간을 정해요. 왜 나만 정해야 해요?

하영이가 피아노를 맘대로 못 치게 하자 찬영이도 누나를 못 치게 하겠다고 떼를 쓴다.

엄마: 누나는 자기 방에 있어서 방해가 안 되는데?

찬영: 아니야. 누나 피아노 치면 엄청 시끄러워. 누나도 시간 정해서 쳐야 해요.

찬영이가 치사하게 굴었지만, 일단 찬영이가 못 치게 하는 게 더 중요한지 하영이도 못 이기는 척 승낙한다. 엄마와 아빠는 일단 잠정 합의가 되어서 다행이긴 하지만 얼마나 갈지 또 시간은 어떻게 정해야 할지 답답하기만 하다. 일단은 아빠가 계속 회의를 진행해간다.

아빠: 찬영이는 언제 얼마나 치고 싶나요?

찬영이는 정말 '이 시간밖에 못 하나' 하는 생각에 고민한다.

찬영: 8시부터 두 시간.

찬영이가 말을 하자 하영이는 어이가 없는 표정이다.

하영: 안 돼요. 말도 안 돼요. 20분. 평소에 20분도 안 치는데, 나 방해하려고 그런 것 같아요.

찬영: 나도 싫어요. 적어도 한 시간 칠래요.

찬영이가 마지노선을 긋자, 아빠가 중재에 나선다.

아빠: 일단 8시 반에서 9시까지로 하고, 누나가 방에 없을 때 30분 정도 치는 건 어떠니? 미리 누나에게 말하거나 저녁 먹기 전에 치거나. 저녁 전에는 거의 누나 방에 없잖아. 하영이는 괜찮니?

하영: 음, 난 괜찮아. 그런데 저녁 먹고 나서는 나도 공부해야 하니까 나오라 하면 나와야 해요.

찬영: 난 한 시간을 쭉 칠 건데.

아빠: 누나도 쳐야 하고, 9시 넘어서는 다른 집에 방해되니깐.

찬영: 맞다. 누나 시간도 정해야 해. 누나도 1시간 넘게 치지 마.

아빠: 그래. 그럼 누나도 저녁 먹고 나서는 1시간 이내로 치는 것으로 하자. 찬영이는 저녁 먹기 전에는 1시간 넘게 쳐도 돼. 괜찮지?

그리하여 피아노는 저녁 먹기 전에 둘 다 자유롭게 치고, 저녁 먹고 나서는 찬영이는 8시 반에서 9시까지 치고, 하영이도 저녁 먹고 나서 1시간 이상 안 치는 것으로 결정되었다.

안건 2. 피아노 위치 변경해요

아빠: 다음 안건은 엄마가 올린 안건인데, 엄마 설명해주세요.

엄마: 오늘 정해서 다행이긴 한데, 최근 한 달간 피아노 때문에 싸운 것이 한두 번이 아닙니다. 그래서 아예 피아노를 다른 방으로 옮기는 것에 대해 이야기 나누고 싶어요. 오늘 피아노 치는 시간 정하기를 했으니 생략할 수도 있지만, 하영이 방 책상이 너무 작고, 거실보다 방에서 있는 시간이 길어지니까 큰 책상이 필요할 것 같습니다.

아빠: 그럼 피아노 치는 시간을 정한 다음에도 계속 싸우게 되면 그때 이야기하면 어때요. 오늘은 너무 늦게 시작하기도 했고, 늦었으니.

아빠의 말에 모두 찬성하였고, 피아노 옮기기는 한 주를 지켜보며 상황을 봐서 이야기하기로 하여 피아노 치는 시간 정하기만 하고 마무리하였다.

다음 주. 매일 싸우는 것에 비해 시비가 생기는 일이 현저하게 줄었지만, 찬영이가 삐치거나 누나를 건들고 싶을 때 싸움이 나는 것은 해결되지 않았다. 그래서 다음 주에 피아노 시간 조정하기에 대해 다시 이야기하기로 하였다. 이와 더불어 피아노 옮기기에 대해 안건이 다시 올라오게 되었다.

안건 1. 피아노 치는 시간 정하자(재상정)

엄마: 먼저 피아노 시간을 정하고 나서 싸우거나 다투는 것이 정말 많이 줄어들었어요. 둘 다 많이 노력을 잘 해주었어요. 그렇지만 여전히 찬영이가 피아노를 칠 때 누나도 신경이 많이 쓰인다고 하니 시간도 조정하고, 피아노 옮기는 문제에 대해 이야기를 나누었으면 좋겠어요. 먼저 시간을 조정해봅시다.

아빠: 하영이는 찬영이가 언제 쳤으면 좋겠니?

하영: 8시 전에 쳤으면 좋겠어요. 8시 넘어서는 수학 문제 푸는 시간인데, 찬영이가 와서 치면 중간에 끊기고, 거실에 나와서 하기 싫어요.

아빠: 찬영이는 8시 전에 치는 것으로 바꿔줄 수 있나?

찬영: 싫은데. 누나가 거실에서 하면 되지. 그 시간에 내가 하기로 했는데.

하영: 그냥 옮기면 안 돼요?

시간 조정하는 것도 귀찮은지. 이제는 피아노를 옮겨서 찬영이가 자기 방에 안 들어왔으면 하고 이야기한다.

아빠: 그게 옮기려면 복잡해. 일단 1층으로 갈지. 2층에 둘지. 2층 어느 방이나 거실로 갈지. 또 피아노가 들어갈 공간을 만들려면 더욱더 복잡해져. 그래서 시간 조정을 해서 옮기기 전까지는 서로 양보를 해야 해.

찬영: 그럼 내 방에 넣어줘.

아빠: 네 방이 피아노가 들어가기 제일 복잡하고, 오래 걸린다니까. 최소한 2주는 걸려. 주말에 움직여야 하니까. 찬영이는 7시 반에 쳐도 괜찮니?

찬영: 싫어. 8시 넘어서 칠 거야.

아빠: 그럼 7시 45분부터 쳐라. 하영이도 조금 양보하고.

아빠는 말도 안 되게 8시를 쪼개서 앞뒤 15분씩 협상을 제시한다. 하영이와 찬영이는 어이가 없어 아빠를 보다가 순서대로 대답한다.

찬영: 그래.

하영: 8시 15분 넘어서는 안 돼.

그리하여 찬영이가 피아노를 치는 시간은 7시 45분부터 8시 15분 전으로 조정되었다. 이어서 피아노 옮기기에 대한 안건이 논의되었다.

안건 2. 피아노 위치 변경해요(재상정)

엄마: 하영이도 피아노를 옮겨달라고 하고, 지금 하영이 책상이 너무 작아 큰 책상이 필요하니 피아노를 옮겼으면 좋겠어요.

아빠: 옮기는 장소만 결정하면 엄마와 아빠가 의논해서 옮기면 될 텐데, 장소는 어디로 하고 싶니?

하영: 엄마 방?

엄마: 엄마 방은 지금도 좁다고 생각합니다. 차라리 거실에 놓자.

하영: 나도 거실 좋아.

아빠: 내 책상 놓으려 했는데, 1층으로 보내면 안 될까?

하영: 싫어. 저녁에 1층까지 가기 싫단 말이야. 그냥 2층에서 칠 거야.

아빠: 알았다.

아빠는 순순히 포기를 선언한다.

찬영: 내 방은 안 돼?

찬영이가 제 방에 피아노를 놓고 누나에게 거드름을 피우고 싶은지 갑자기 피아노를 욕심낸다.

엄마: 네 방에 들어가겠니? 아마 피아노도 침대에서 쳐야 할지도 몰라. 돌아다닐 공간도 없을 걸. 지금도 책상을 밖으로 빼서 바닥에서 놀고 있으면서.

찬영이는 엄마 말에 자기가 생각해도 말이 안 되었던 건지, 금세 입을 다물고 조용히 한다.

아빠: 그럼 거실밖에 없네. 거실에 공간이 나오나. 거실 어디를 없애야 하나.

엄마: 책장을 없애야지. 뭐. 하긴 거기밖에 공간이 없겠네. 소파 앞 세탁실 들어가는 곳 옆에 놓자. 스툴도 없애든가, 1층에 보내든가 하고, 그리게 스툴을 안 샀어야 했는데.

엄마는 스툴이 굴러다니고 발에 차인다고 평소에도 불만이었다. 그리하여 거실에 스툴과 책장 한 개를 없애고 피아노 기사님을 불러서 피아노를 옮겨 조율하기로 결정하였다.

한동안 밤마다 주말마다 책장 책을 옮기고 버리고, 책장도 버리고 하며 부산을 떨었고, 찬영이는 책장 밑에서 잃어버렸던 장난감 찾았다고 좋아하며 시간이 흘렀다. 우여곡절을 겪으며 스툴도 1층으로 내려갔다. 2주 후 피아노 기사님과 조율하시는 분이 오셔서 피아노를 옮기고 조율했다. 피아노는 장장 5년 만에 하영이 방에서 나와 거실에 둥지를 틀었다.

하지만 피아노의 거실 입성은 새로운 갈등 징후를 보이기 시작했다. 피아노는 거실의 넓이에 걸맞게 웅장한 소리를 울리며 방 곳곳으로 퍼져나갔고, 거실에서 놀거나 책을 보던 하영이와 찬영이가 그 소리를 들을 때마다 이맛살을 찌푸렸다. 그로부터 한 달 후. 새로운 싸움거리로 생겨났다. 다행히 갈등이 커지기 전에 문제점을 발견하고, 모두 함께 두 번의 추가적인 가족회의를 거친 후에야 거실 피아노 분쟁조정위원회는 막을 내릴 수 있었다. 하지만 '이것이 정말 끝일까?' 하는 생각을 한 아빠는 '피아노 시간 조정이 끝나면 피아노 사용도 끝나는 것이 아닐까?' 하는 엉뚱한 상상까지 하였다고 한다.

'분명 바이올린처럼 시들해지면 꾸준히 안 할지도 모르는데.'

가족회의록

▲ 안건 및 결론

안건 1. 피아노 치는 시간 정하기

-결론: 찬영이는 8시 반에서 9시까지 치고, 하영이도 저녁 먹고 나서 1시간

-재상정 결론: 찬영이가 피아노를 치는 시간은 7시 45분부터 8시 15분 전으로 조정

안건 2. 피아노 위치 변경해요

-결론: 거실로 옮기기로 함(재상정 되었을 때 결정)

▲ 우리 가족 생각

아빠: 피아노를 좋아하는 아이들이 유치원 때부터 열심히 학원도 다니고 집에서 치면서 좋은 취미를 갖게 된 것은 참 좋은 일이다. 그렇지만 그것을 핑계로 서로 양보와 배려를 하지 않아 다투기 위한 도구로 전락한 것이 매우 안타까웠다. 가족회의에서 시간을 정했지만, 여러 번의 조정이 필요했고, 피아노의 위치를 바꾸면서 한 번 더 우여곡절을 겪게 되었다. 다행히 가족회의에 수차례 안건으로 올라오면서 서로 합의가 이루어지고, 정해진 시간을 지켜가면서 조정되었다. 가족회의를 통해 해결해가면서 근본적인 문제가 더욱 중요하다는 것을 알게 되었고, 문제의 해결을 위해 고민과 충분한 대화가 필요함을 절실히 깨닫게 되었다. 많은 노력이 필요하겠지만 가족 간 배려 분위기를 키워 더욱 발전적인 주제의 가족회의가 되도록 해야겠다.

엄마: 아이들의 싸움은 방법적인 면에서 해결이 필요하기보다는 아이들이 스스로 양보하는 마음이 들어 조율했으면 좋겠다는 생각이 든다. 근본적으로 서로에 대한 신뢰와 이해가 바탕이 되고 있지 않아 상대의 행동을 못마땅해하고 방해하는 행동이 이어진다. 아이들을 어떻게 서로 양보하게 할지가 고민이다.

하영: 피아노 시간을 정했다고 해도 다른 때 치고 싶을 때가 있는데 찬영이가 양보를 안 해서 짜증이 난다. 그래도 피아노 시간을 정해서 더 좋은 점도 있는 것 같다.

찬영: 난 피아노 치는 시간은 7시 45분에 쳐야 하지만, 다음에는 꼭 8시 반 넘어서 치기로 결정할 거다. 하지만 그때 가봐야겠고, 피아노를 내 방에 옮겼으면 좋겠다.

▲ 사회자 한마디

가족회의는 모든 문제를 한 번에 완벽하게 해결하는 데 어려움이 있다. 그 이유는 구성원이 같은 공간 속에서 생활하며 아침저녁으로 부딪히고, 주말에는 하루종일 같이 있기 때문이다. 그에 따라 감정과 기분은 시시때때로 달라지고, 하나의 주제에 대해 바라보는 시선도 달라진다. 또 너무 많은 접촉은 감정 변화의 기복을 매우 크게 만든다. 그리고 매일 커가는 아이들은 각자의 생각과 시야가 넓어짐에 따라 서로의 영역

아빠가 공부한 내용

아이들을 모두 한 배에 태워라.

— 제인 넬슨, 박예진 옮김, 『아들러의 긍정훈육법』

아이들이 물건이나 장난감을 가지고 싸울 때 스스로 해결할 수 있을 때까지 배가 흔들린다는 것을 전제로 훈육을 조언한다. 즉 싸움을 멈추고 협상을 마칠 때까지 물건이나 장난감을 이용하지 못하게 한다는 말이다.

하지만 마음처럼 쉽지 않다. 피아노를 못 치게 했을 때 누나의 성화를 견뎌야 하고, 동생은 둘 다 못하는 것에 크게 신경을 안 쓸 수도 있다. 여러 상황을 고려하여 단호하게 적용하기가 어렵다. 피아노가 누나 방에 있었을 때는 아마 적용이 더 쉬웠을 것이다. 거실로 나온 상황에서는 좀 더 세심한 적용이 필요해 보인다.

오히려 복잡하지 않은 단순한 사안들에서 미리 적용해 보는 것이 필요하다. 예를 들어 서로 앞자리에 타겠다고 싸울 때 합의할 때까지 차를 출발하지 않는 것처럼 말이다. 평소에 스스로 협상을 통해 스스로 해결하도록 하는 연습이 필요하다. 한 배에 태우는 것에는 기다림과 단호함이 많이 요구된다.

3) 찬영이가 변기 더럽게 써요

찬영이는 변기에 오줌을 쌀 때 튀는 것 신경 쓰지 않고 막 쌌다. 처음 그것을 본 엄마는 보면 샤워 호스로 치워주고 했다. 엄마는 어쩌다 한 번씩 잔소리했을 뿐 크게 문제 삼지 않았다. 그런데 하영이가 찬영이 다음에 변기를 쓸 때 커버가 올라가 있고 노란색 무언가가 묻어 있거나 냄새도 더 심한 것에 분노를 느끼게 되었다. 하영이는 찬영이에게 여러 번 이야기했지만 도통 해결이 되지 않자 안건으로 올라오게 되었다.

다음 날 저녁 가족회의엔 결사의 의지로 눈에 불을 켜고 그동안 못다한 이야기를 쏟아내고 싶은 하영이가 가장 먼저 가족회의 준비를 하였다. 다른 가족들도 8시가 되자 하나둘 테이블에 둘러앉았다.

안건 1. 찬영이 변기 더럽게 써요

아빠: 오늘 첫 번째 안건은 하영이가 낸 것인데요, 하영이가 설명해주세요.

하영이는 저녁 가족회의 시간까지 기다리기 힘들었다는 듯이 재빨리 단호한 목소리로 외쳤다.

하영: 찬영이가 변기를 더럽게 씁니다. 화장실을 같이 못 쓰겠어요. 심지어 물도 안 내리는 경우도 많아요.

꾹꾹 참아왔던 이야기인지 속사포처럼 쏟아낸다. 결연한 의지가 느껴졌다.

엄마: 찬영이가 변기를 쓸 때 변기 커버를 올리지 않고 일을 보는 건 사

실입니다.

찬영: 치울게, 됐지?

하영: 안 치우면? 안 치우면?

이번에 그냥 넘어가면 또 안 지킬 게 뻔하다고 생각한 하영이가 화내듯 다그친다.

아빠: 존댓말로 해주세요.

하영: 안 치우면 어떻게 할 거니?

아빠의 말에 내용은 부드러워졌지만, 말끝은 여전히 날카롭다.

찬영: 몰라.

하영: 안 치우면 어떻게 할 건데?

찬영이의 무책임한 말에 하영이의 화가 최고 수준까지 올라갔다.

아빠: 그럴 경우에는 1층을 쓰면 어때요?

이건 가족회의 결렬사태가 벌어지기 직전이라고 생각한 아빠는 나름 중재안을 내놨다.

찬영: 좋아.

찬영이도 하영이의 구박을 벗어나야 한다고 생각했는지 선뜻 찬성한다.

아빠: 하영이도 괜찮아?

하영: 좋아. 며칠 동안?

아빠: 하루, 이틀 정도로만 합시다.

찬영: 하루.

하영: 안돼. 일주일. 하루는 너무 짧은 것 같아요.

찬영: 싫어.

찬영이도 극렬히 반대한다.

엄마: 난 찬영이가 화장실 청소하는 방법도 좋을 것 같아요.

엄마는 '이때다' 하고 다시 엄마 의견을 꺼낸다. 하지만 아이들은 모두 1층 화장실 사용 날짜에만 집중한다.

아빠: 하영이는 며칠?

하영: 3일.

하영이도 3일까지 괜찮다고 생각했는지 양보하여 한 발 물러났다. 그렇지만 찬영이가 찬성하지 않자 하영이가 더 양보하여 하루로 결정되었다. 그러다 또 다른 생각이 났는지 하영이가 다른 문제들을 폭풍처럼 쏟아냈다.

하영: 근데 찬영이가 1층만 가버리면 이미 더러워진 변기는 어떻게 합니까? 난 더러워서 치우기 싫은데요.

아빠: 엄마 아빠 없을 때는 찬영이가 가지 않는 1층 할머니 방 화장실을 이용하고, 엄마 아빠 있을 때는 찬영이가 청소하도록 꼭 말하는 건 어떨까요?

엄마: 찬영이도 하루는 2층 화장실 안 쓰기로 했으니까, 잊지 않고 지키도록 합시다.

겨우 협상이 마무리되었다. 찬영이는 볼일 보고 청소를 안 하거나 커버를 안 내려놓으면 2층을 하루 동안 안 쓰는 것으로 하고, 만약 더러워진 곳이 있으면 바로바로 청소해서 다음 사람이 불쾌하지 않도록 하기로 약속했다. 1층의 경우는 화장실이 두 곳이므로 나누어 사용하기로 했다.

안건 2. 아빠 매일 면도하기

아빠: 다음 안건은 '아빠 매일 면도하기'입니다. 이 안건은 엄마가 이야기해주세요.

엄마: 아빠가 방학 때나 주말에 면도하지 않아서 매우 지저분합니다. 꼭 면도를 하면 좋겠습니다.

하영: 찬성합니다.

찬영: 찬성해.

엄마: 저도 찬성해요.

순식간에 아빠를 제외한 모두가 찬성하였다.

아빠: 아 잠깐만요.

아빠 말은 들을 필요도 없다는 듯 다들 찬성하자 아빠는 급하게 말을 받는다.

아빠: 밖에 안 나가는 날에는 면도를 안 하고 싶습니다.

엄마: 엄청 지저분합니다. 더러워 보여요.

아빠: 아니 더러운 건 아니에요. 세수를 잘 하고 있습니다.

아빠가 더럽다고 하는 것에 발끈하지만, 엄마의 표정은 전혀 물러설 기색이 없다.

엄마: 아무튼 무조건 면도를 자주 했으면 합니다. 평상시 외출을 자주 하면서 그런 모습으로 다니는 것은 예의가 아닌 것 같습니다.

아빠: 밖에 나가거나 출근할 때는 면도를 하고 있습니다. 물론 코로나라서 이틀에 한 번 할 때가 많지만….

아빠가 생각해도 궁색한지 말끝을 흐린다.

엄마: 아니에요. 동네 산책을 하거나 뒷산에 갈 때도 면도하지 않는 경우가 많습니다. 면도를 하루에 한 번씩 했으면 좋겠습니다.

하영: 아빠, 면도 매일 했으면 좋겠어요. 지저분합니다.

하영이가 다시 한 번 거들자 아빠도 마지못해 포기하고 말을 잇는다.

아빠: 그럼 연휴나 주말에는 이틀에 한 번은 하겠습니다. 다시 한 번 이야기하지만 더럽지는 않습니다.

계속 더럽다고 한 것이 억울한지 변명을 하지만 엄마의 확신은 크게 변하지 않는 것 같다.

　엄마: 그럼 아빠의 매일 면도에 대해서 결론은 되도록 매일 하고 주말에도 이틀에 한 번은 하도록 하겠습니다.

　모두: 네.

안건 3. 찬영이 머리 감고 물 닦고 나오기

　세 번째 안건은 찬영이 머리 감고 나서 물 닦고 나오는 것이었다. 이것도 하영이의 격한 분노와 함께 안건이 설명되었고, 이것에 대해선 입이 열 개라도 할 말이 없는지 찬영이도 머리를 닦고 나와서 화장실 앞을 물바다로 만들어 불편하게 만들지 않기로 약속했다. 일단 일주일을 지켜보기로 하며 다이내믹한 가족회의를 마무리하였다.

　다음 주 찬영이는 한 주 동안 화장실에 소변이 튀지 않도록 조심하거나 재빨리 수습해서 하영이의 잔소리를 거의 듣지 않았고, 2층 화장실을 못 쓰는 불상사를 막을 수 있었다. 아빠도 주말 동네 산책할 때도 면도를 해서 타박을 듣지 않았다. 사실 크게 치열하지 않았던 세 번째 안건은 놀랍게도 실천되고 있었다. 가족회의 후 일주일 동안 찬영이는 머리를 감고 머리의 물을 잘 닦고 나와 화장실 앞이 말끔해졌다. 다시 한 번 가족회의의 효과에 놀라움을 금치 못했다.

가족회의록

▲ 안건 및 결론

안건 1. 찬영이 변기 더럽게 써요

-결론: 일단 깨끗이 하기로 하고, 안 지켜지면, 그 화장실 이용 금지(하루)

안건 2. 아빠 매일 면도하기
-결론: 평일은 매일 하기
안건 3. 찬영이 머리 감고 물 닦고 나오기
-결론: 머리를 닦고 나와서 화장실 앞을 물바다로 만들지 않기로 함

▲ 우리 가족 생각

아빠: 첫 번째 안건에 대해서는 그동안 찬영이를 미리 지도하지 못해 하영이의 힘든 마음을 잘 헤아리지 못한 것에 미안했는데, 그나마 가족회의에서 이야기하여 변기 문제를 잘 중재하였고, 찬영이도 조심하는 마음이 들어서 다행이었다.
두 번째 안건에서는 더럽다고 한 것이 억울하긴 하지만 지저분하게 지낸 것에 대해선 할 말이 없어서 아이들 앞에서 부끄러웠다. 하지만 휴일에도 매일 면도하라는 것에 저항감이 들기도 했고, 피부도 하루는 쉬면 좋지 않나 하는 생각을 속으로만 하게 된 하루였다. 아무튼 면도기를 더 좋을 것으로 바꿔서 매일 면도할 때 트러블이 생기지 않게 해야지, 하는 생각도 하게 된…. 아무튼 귀찮긴 하다.

엄마: 평소라면 얼굴 붉히며 감정이 상했을 일을 가족회의에서 안건으로 꺼내고 상대의 속마음을 들으면서 서로의 생각을 이해할 수 있는 시간이었다. 특히 아들의 태도 변화가 기특했다. 그냥 평소에 하지 말라고 했을 때는 '싫어'로 일관했던 것이 회의 후에 행동의 변화가 확연하게 드러나게 되어 가족회의가 성과가 있구나, 하는 생각이 들었다.

하영: 이건 당연히 해야 하는 일이다. 그 후로 아주아주 조금 지켜지고 있다고 생각한다. 그 문제에 대해서 혼자 짜증냈는데, 이 사건을 가족회의에서 가족과 같이 이야기할 수 있어서 좋았다.

찬영: 오줌은 조심히 싸야겠고 아빠 수염은 자주 깎았으면 좋겠다. 머리 감고 물을 닦고 나와야겠다.

▲ 사회자 한마디

재판장이라고 생각하면 오늘 가족회의에서는 찬영이와 아빠가 피고이고 엄마와 하영이가 원고였다. 찬영이와 하영의 매치에서는 찬영이의 무신경한 대응을 진지한 자세로 끌어오는 것이 중요했다. 다행히 하영이가 계속 자기주장만 하지 않아서 합의점을 찾을 수 있었다. 그리고 일단 정해진 것을 일주일 지켜보는 것에 동의하여 결론

을 맺을 수 있었다.

두 번째 안건은 사회자가 피고의 처지에 처하게 되니 매우 곤욕스러운 상황이었고, 나름 자기변호와 대응을 하면서 이어갈 수 있었다. 아내와 남편의 문제를 가족의 문제로 가져와서 아이들도 아빠나 엄마의 문제에 대해 의견을 제시하며, 타협점이나 해결책을 찾는 데 기여할 수 있는 주제였다. 이런 경우에는 안건마다 사회자를 달리하여 하영이나 찬영이가 사회자의 역할을 해 보면 어떨까 하는 생각도 하게 된다.

▲ **오늘의 간식** 햄버거(찬영 Pick)

아빠가 공부한 내용

각자의 라이프스타일은 존중되어야 한다. 하지만 그것이 나에게만 편하고 다른 사람에게 불편을 초래한다면 수정이 필요하지 않을까? 그러나 대화를 하지 않은 가족은 오해와 불신만 쌓여갈 뿐 그 시도를 하지 않게 된다. 사소하지만 큰 오해로 커질 수 있는 일들을 미리미리 가족회의에서 다루면 어떨까?

> 사람들은 각자 자신이 형성한 고유한 라이프 스타일(life style; 생활양식)에 따라 세상을 살아간다.
>
> — 유리향, 선영운, 오익수, 『교사를 위한 아들러 심리학』

같이 살고 있는 가족이지만 각자의 라이프스타일이 다르기 때문에 나에게 편한 것은 다른 사람에게 불편과 피해를 주기도 해 조정이 불가피하다. 이때 화를 내거나 잔소리를 해서 해결하는 것은 일시적이거나 감정만 남게 되어 오히려 반발심을 불러일으키는 경우가 많게 된다. 좀 더 근본적인 문제를 해결하고 서로의 라이프스타일에 대해 수용할 것들과 요구할 것들을 조정할 필요가 있다.

가족회의에서는 사소한 일이라도 일상 속 많은 문제를 가족의 문제로 가져와서 서로의 의견을 듣고 오해를 불식시키는 것이 필요하다. 별것 아닐지라도 가족 구성원들에게 이해를 구하는 것이 필요하며, 때론 이것이 문제 해결의 실마리를 제공할 수도 있다. 각자의 라이프스타일은 존중하되 다른 사람에게 피해를 주지 않아야 한다.

아들러 심리학에서는 일반적으로 말하는 라이프스타일을 '생활양식'이란 용어와 개념으로 정의하여 설명하고 있다. 이 생활양식은 생후 6년 동안 생성되며, 주로 가족 구도와 초기기억, 생활양식 면접 등 다양한 방법으로 평가하여 해석한다. 아들러 심리학에서는 이러한 생활양식이 사회적 관심이 높은 방향으로 변화하는 데 중점을 두는 상담이나 지도를 제안하고 있다. 이러한 전문적인 부분이 아니더라도 가족 개개인의 라이프스타일이 가족의 화합이나 관계에 긍정적인 방향으로 나아가는 데 관심을 둘 필요가 있다. 또 이를 가족회의에서 대화와 타협으로 시도하였으면 좋겠다.

4) 하영이가 생각나는 대로 소리 지르고 화내요

6학년이 된 하영이는 찬영이가 방에 함부로 들어오거나, 화장실을 더럽게 쓰거나, 실수로 건드려도 신경질과 함께 짜증을 퍼붓는 경우가 잦아졌다. 그전에도 찬영이가 건드릴 때면 화를 내긴 했지만, 요즘은 더욱 민감해져 있어서 집안 식구들 모두 위태위태해 보인다.

수요일 아침. 찬영이가 일어나 큰방으로 가는 길에 거실에서 잠시 시

계를 보고 있던 하영이를 살짝 건들었다. 하영이는 찬영이에게 "야! 안 비켜?!" 하면서 찬영이에게 신경질을 팍 내고, 시계를 보더니, 생각했던 시간보다 늦게 일어나서인지 "왜 안 깨웠어" 하면서 엄마에게 또 버럭한다.

"깨우라고 했잖아. 오늘 일찍 숙제 안 한 것 하려고 했는데."

아침부터 불만과 성화에 엄마는 화를 내려다 아침에는 좀 참자면서 하영이를 타이른다.

"알람을 어제 안 맞췄나 보다. 내일은 꼭 맞추고 자자."

하지만 하영이는 입만 빼죽대며 "몰라" 하면서 소리 지르고는 화장실로 들어간다.

그날 저녁 하영이가 밥을 먹고 가족회의가 있기 전까지 자기 방에서 숙제하고 있는데 또 찬영이가 문을 불쑥 열고 들어갔다. 어젯밤에도 노크 안 하고 들어가서 바로 문을 잠가버렸다는데, 오늘은 숙제하느라 문을 잠가놓지 않으니 또 들어간 것이다. 엄마가 하영이에게 되도록 문을 잠그지 말라고 해서 찬영이가 들어가서 방해할 때만 잠그고 있었는데 다시 쫓아내야 할 상황이 된 것이다.

"야. 나가."

"안 나갈 건데. 그냥 구경만 할 건데."

"야, 빨리 안 나가! 나가란 말이야."

하영이의 목소리는 매우매우 거세졌다.

"야 들어오지 말라는데 왜 들어오고 난리야."

하영이의 목소리는 있는 대로 커졌고, 집안은 하영이의 엄청난 소리로 창문도 흔들리듯 했다. 그때 큰방에 있던 엄마의 핸드폰 카톡 창이 켜졌다.

'안건: 하영이 생각나는 대로 지르고 화내요.'

그리고 1시간 후 8시가 되어 가족회의가 시작되었다.

안건. 하영이가 생각나는 대로 소리 지르고 화내요

아빠: 이번 주 가족회의를 시작할게요. 먼저 엄마가 올린 안건 이야기해 주세요.

엄마: 하영이가 말을 너무 막 하는데요. 생각나는 대로 지르는 것 같아요. 그래서 그것을 안건으로 올렸어요. 아침부터 소리 안 지르고 할 수 있는데도 소리 먼저 지릅니다. 특히 아침 시간은 예민하니 줄이면 좋겠습니다.

하영: 하! 그냥 아침에 짜증 나. 다 짜증 나. 다 맘에 거슬려. 특히 찬영이.

하영이는 안 그래도 그냥 짜증이 나는데 안건으로 올라와서 상기된 표정으로 이야기한다.

아빠: 무엇이 해결되면 하영이가 짜증을 안 낼까요?

다들 심각한 표정으로 아빠를 쳐다보자 아빠가 계속 말을 이어간다.

아빠: 짜증이 나는 것들을 일단 모두 이야기해보면 어때요?

다들 마땅한 해결책이 없어서 아빠의 이야기를 더 듣기로 했다.

아빠: 일단, 아침에 일어나는 것과 관련하여 이야기해보자면, 안 깨워줬다고 하거나 아침에 늦게 일어났다고 짜증 낼 때가 많은데. 카카오나 빅스비를 방에 넣어주는 건 어떨까요?

순간 카카오와 빅스비가 '둘 다 동시에 그건 이해할 수 없는 질문입니다' 하고 대답을 한다. 다들 갑자기 끼어든 카카오와 빅스비를 보고 웃음을 터트린다. 둘이 같이 거실에 있어서 날씨를 하나씩 묻곤 하는 게 전부였는데, 심각한 가족회의 내용에서 둘이 동시에 끼어든 것이다.

하영: 아빠가 깨워주면 안 돼요?

아빠: 하하. 그냥 하영이는 카카오나 빅스비 쓰면 안 될까? 거실에 있는 것 가져가면 되잖아.

아빠가 아까 AI 스피커 때문에 하다 말았던 이야기를 다시 꺼낸다.

아빠: 하영이 찬영이 방에 하나씩 넣고 둘 다 알아서 일어나는 건 어떨까요?

엄마: 아니요. 빅스비는 거실에 있는 게 사용하기 편하니 다른 방법을 찾는 게 좋을 것 같습니다.

하영: 그럼 알람시계 사주세요.

아빠: 그럼 알람시계를 사는 것으로 해결해봅시다. 찬영이는 어떤 방법이 좋아요?

찬영: 난 스피커 가져갈래요.

이렇게 해서 하영이는 알람시계, 찬영이는 스피커를 가져가서 아침 시간에 벌어질 수 있는 짜증 관련 경우의 수를 줄이기로 했다.

두 번째 짜증 나는 경우는 지난번에 정했던 아침에 씻는 시간이 잘 지켜지지 않아서 조정하기로 하였다. 찬영이는 1분이면 된다고 엄마 시간 7시 20분~7시 40분에 같이 하기로 하고, 하영이는 7시 전이나 7시 40분 이후에 하기로 하고 아빠 시간은 7시~7시 20분으로 조정하였다.

세 번째 짜증 나는 경우는 찬영이가 놀리는 것 때문이라고 했다. 하지 말라고 해도 계속되는 행동 때문에 그런다고 했다. 그래서 찬영이에게 물어보았다.

아빠: 찬영이는 누나를 놀리거나 기분 안 좋게 할 때, 멈추라고 하면 멈출 수 있니?

찬영: 못해요.

찬영이는 불만스럽게 이야기한다. 그리고 시선이 집중되자 눈물을 보일 듯 억울한 표정을 지으며,

찬영: 누나는 때린단 말이야.

찬영이가 눈물을 흘리며 감정이 북받쳐서 이야기한다. 갑자기 눈물바다가 된 상황에 아빠는 찬영이에게 무슨 상황인지 묻는다.

아빠: 잠깐만 누나가 때리는 것이 먼저야? 찬영이가 놀리는 것이 먼저야?

아빠가 회의를 잠시 중단하고 묻자, 둘 사이 싸움에 누나가 때려서 시작한 것이 두 번, 찬영이가 놀려서 시작한 것이 두 번이고, 둘이 동시에 하는 게 다섯 번 정도라고 이야기한다. 아빠는 이것만 가지고도 3박 4일은 회의를 해야 하나 고민하더니, 일단 일주일 동안 둘 다 먼저 하는 것을 멈추고, 누가 안 멈추는지 저녁마다 기록해서 원인을 파악하기로 했다. 회의가 중

단된 가운데 찬영이도 조금은 안정을 되찾았다. 찬영이도 마냥 잘한 것은 없던 터라 누가 더 노력하는지 알아보는 데 동의하였기에 가능했다.

아빠: 그럼 늦게 일어나는 것, 씻는 문제, 찬영이 행동만 해결되면 짜증 안 낼 수 있나요?

하영: 다 맘에 거슬려서 화나는데?

하영이는 그것으론 턱도 없다고 말한다.

아빠: 그럼 일단 화내는 것으로 하자.

아빠의 뜬금없는 말에 가족들은 다들 '뭔 소리지' 하는 표정을 짓는다. 빨리 뭔 소리인지 설명하라는 눈빛에,

아빠: 사춘기니까 아침에 화가 날 때는 한 번은 화내라고 하자. 그리고 하영이는 저녁이나 그 화가 없어지면 사과하는 것으로. 책에 보니까 사춘기는 호르몬 때문에 이유 없이 짜증이 난다고 하더라고. 짜증이 가라앉으면 사과하는 것으로. 그것도 아침에 한 번만.

식구들은 알 듯 모를 듯 표정을 짓더니, 너무 길게 이야기해서 힘이 드는지 우선은 그렇게 하자고 고개를 끄덕인다. 하영이는 화를 내도 된다는 것인지 사과를 하라는 것인지 모르겠지만, 일단 화를 한 번은 내도 된다고 하자, 다른 시간에는 화를 안 내겠다고 약속한다. 또 화를 내고 나면 즉시 사과하기로 한다. 찬영이도 '사춘기'라는 것에 대한 소리를 들어서인지 별말 없이 결정을 따르기로 한다.

결론은 '가족들은 짜증의 큰 원인 세 가지에 대해 노력한다. 하영이는 아침에 한 번은 화를 맘대로 내도 된다, 사춘기니까. 대신 사과를 꼭 하고, 아무 데서나 계속 막 화내지 않기'로 하였다.

그렇게 해서 길고 긴 가족회의가 끝이 났다. 안건은 하나뿐이었지만, 네 개 정도의 안건을 논의한 것 같았고, 아빠는 둘이 싸우는 것을 줄이기 위해 긴 프로젝트로 실천할 방법을 찾아야 하나 고민하며, 회의를 마쳤다.

일주일 후. 지난 한 달 평균에 비하여 하영이가 짜증을 내는 횟수가 확연히 줄어들었다. 특히 하영이 스스로 노력하고 가족들과의 시간 조정으로 인한 덕택에 많은 효과를 거두었다. 문제는 찬영이가 누나를 건드리는 문제였다. 이것도 마찬가지로 횟수와 정도가 줄어들었지만, 여전히 건들고 있었고, 그것을 하영이가 아무렇지 않게 대응하는 걸 힘들어했다.

그런 경우 당연히 싸우게 되거나 짜증을 내는 방향으로 치닫게 된다. 이에 대해 찬영이에게 하영이를 건들지 않도록 하는 내용의 가족회의를 다시 하게 되었고, 계속해서 지켜보는 것으로 결정하였다.

가족회의록

▲ 안건 및 결론

안건. 하영이가 생각나는 대로 소리 지르고 화내요(쏘아붙이는 것, 짜증 내는 것)

-결론: 1. 하영이 짜증 나는 것 해결해주기

      - 아침 알림 맞추기   - 씻는 시간 조정

      - 찬영이가 누나 건들지 않기   - 사춘기니까 조금은 이해해주기

    2. 하영이도 화를 낼 경우 사과를 하며 노력하기로 함

▲ 우리 가족 생각

아빠: 사춘기 한복판인 하영이의 짜증이 심해진다. 가족회의 안건으로 서로의 불만과 문제를 이야기해보고 노력할 부분들을 찾는 시도는 힘든 일이다. 그렇지만 지속적인 대화와 민주적 방식은 해결하는 방법과 가능성을 알려준다. 한 번으

로 해결될 수는 없지만, 무엇이 문제이고 요구사항인지 알게 되면 그 부분을 더 듣고 관찰할 수 있을 것이다. 찬영이도 자기의 불만사항이 서로 관련되었음을 느꼈을 것이다. 어쩌면 가족들 서로 이야기를 깊이 하는 시간이 부족해서 이러한 문제가 커지는 것은 아닐까? 평소에 좀 더 서로의 마음과 불만들을 들을 수 있는 시간과 기회를 가족회의를 통해서 가져보는 것도 좋겠다.

엄마: 최근 들어 하영이의 감정 기복이 조금은 들쑥날쑥한 것도 사실이지만 주변 사람들이 아이의 감정을 받아줄 필요가 있다고 생각한다. 하지만 아직 많이 어린 찬영이한테 이것까지 요구하기 힘들어 서로 맞춰가는 과정이 힘들다. 조금이라도 성장하기를 바라며, 반복되더라도 안건으로 상정하여 서로 이야기 나누고 조율해나가는 과정이 필요한 듯하다.

하영: 회의를 하면서도 계속 화가 났다. 이 모든 것은 찬영이 때문이다. 그나마 가족회의에서 씻는 시간 등을 정했고, 찬영이도 노력한다고 했으니 다행이긴 하지만 계속 지켜봐야겠다.

찬영: 누나가 계속 화내니까 나도 화내는 것 같다. 나도 사춘기 때는 그럴 것 같아서 동의했다. 하지만 난 누나가 아예 화를 안 냈으면 좋겠다.

▲ 사회자 한마디

찬영이의 눈물바다까지 포함하여 장장 2시간이 넘는 회의를 하였다. 회의를 끝내고 가족들은 '이거 너무 긴데'라는 말을 했다. 그리고 정말 해결이 될까, 반신반의하는 느낌도 강했다. 그래도 서로 짜증 내는 것밖에 표출하지 못했던 것이 가족회의를 통해 서로의 감정과 기분을 알 수 있는 기회가 되었다. 가족회의는 평소에 감정으로만 부딪히게 되는 사건들을 좀 더 객관적으로 바라보게 한다. 또 마음속 이야기를 할 수 있는 무대를 만들어줌으로써 반전의 기회나 노력의 실마리를 제공한다. 시작이 반이라고 한다. 어쩌면 가족회의 한 번으로 절반은 해결한 것이지 않을까? 물론 나머지 절반도 험난할 것이다. 하지만 점점 눈덩이처럼 커지는 문제를 모른 체하고 있다가 썩어 문드러지거나 집채만 해져서 감당하지 못하고 쓰러지는 것보다는 당당히 한 걸음씩 나아가는 것이 좋지 않을까?

▲ 오늘의 간식 마카롱(하영 Pick)

아빠가 공부한 내용

모든 문제를 해결할 수는 없다. 그렇지만 그 문제를 당면하기 위한 용기를 가진 자는 해결하기 위한 첫걸음을 뗄 것이고, 실패해도 포기하지 않는 자는 끊임없이 결승문을 두드릴 것이다. 그러한 용기는 자신의 열등감을 극복하면서 더욱 발전적이고 생산적인 결과를 만들어낸다.

가족회의가 만능이 될 수 없고, 가족회의는 끊임없는 실패를 보이곤 한다. 하지만 한 달 또는 1년을 기준으로 본다면 분명 나아진 부분을 찾을 수 있고, 때론 엄청난 변화를 느낄 수 있다. 서로가 용기를 내며 끊임없이 노력한 결과와 더불어 그 과정 자체가 성공이라고 볼 수 있을 것이다.

결론적으로 하영이의 짜증을 줄이는 것은 완벽하게 성공을 거두지는 못했지만, 기존에 비해 80퍼센트 이상 줄였다는 점에서는 작으나마 성공을 거두었다. 간혹 짜증을 내기는 하지만 사춘기에 접어든 점을 고려했을 때 해결에 대한 희망을 보았다는 점에서 큰 의의가 있었다.

사춘기는 아이들이 예민하고 짜증과 신경질을 많이 내는 시기라는 것을 이해하고 접근하는 것도 큰 도움을 준다. 왜 그런지 모르고 하는 짜증과 신경질에 대처할 때는 감정적이게 되기 쉽지만, 이해한다면 차분히 들어주고, 이야기할 수 있는 여건을 만들 수 있기 때문이다. 이는 아이를 이해하는데 많은 지식과 노력이 필요함을 반증하기도 한다.

가족회의 때 "우리는 서로를 탓하지 않는다. 우리는 문제 해결에 집중한다"라는 좌우명을 제시한다.
— 제인·넬슨, 『아들러의 긍정훈육법』

가족회의에서 감정을 다루고 이야기하는 것보다 문제 해결에 집중하는 방법은 좀 더 문제를 객관적으로 보게 되고 서로에 대한 감정 소모를 줄일 뿐 아니라 훨씬 문제 해결에 효과적이다. 아이가 내는 짜증을 짜증으로 대하지 않고 스스로 할 수 있는 것과 가족이 도울 수 있는 것을 찾아보는 태도가 필요하다. 가족 내 여러 문제를 가족회의에서 논의함으로써 짜증을 내지 않고도 해결할 수 있다는 경험을 하게 된다. 이는 사춘기 시절의 압박을 긍정적으로 해결해나가는 데 도움이 될 것이다.

5) 찬영아! 한 번만 먹어봐라. 응?

화요일 아침. "찬영아 국만 먹지 말고, 나물도 먹어봐, 아침에 직접 무친 거야." 엄마가 세 번째 말해도 듣는 척도 하지 않고, 그냥 미역국에 밥만

'세월아 네월아' 하면서 먹고 있다.

"찬영아, 고등어는 머리도 좋아지니까, 한 번만 먹어봐." 1시간 전에 일어나서 고등어를 구웠던 엄마는 고등어 가시를 발라서 먹어보라고 열 번이나 말했고 찬영이는 마지막에 겨우 한 번 먹는 시늉만 하였다. 키가 작은 편인 찬영이의 성장을 위해 엄마는 어르기도 하고 달래기도 했지만, 도저히 방법이 없자 요즘 열심히 하고 있는 가족회의에 안건을 올려보기로 마음을 먹었다.

안건. 골고루 먹기

아빠: 오늘의 첫 번째 안건은 '골고루 먹기'인데요. 엄마가 먼저 설명해주세요.

엄마: 찬영이가 지난주에도 그렇고, 최근 더욱더 편식이 심해졌어요. 예전에는 먹어보라고 하면 조금씩 맛이라도 봤는데, 요즘은 아예 안 먹고 있어요. 그래서 골고루 먹기를 안건으로 냈어요. 찬영이가 지금 어느 정도 골고루 먹고 있는지 이야기 들어보고 싶어요.

엄마의 완곡한 말에 찬영이는 뜨끔하면서도 '뭘요?' 하는 표정으로 모르는 체하며 엄마를 쳐다보며 대답을 한다.

찬영: 반찬이 맛이 없어요.

엄마: 맛을 보지도 않고 어떻게 아니? 그렇게 맛이라도 보라고 해도 입을 꾹 다물고 고개만 젓는 경우가 많아서 문제라고 생각해요.

아빠: 찬영이는 왜 맛도 안 보는지 이야기해줄 수 있나요?

아빠가 찬영이를 달래듯 차분히 설명을 요구하자 한두 마디 한다.

찬영: 맛없어 보이고, 고등어랑 나물은 싫어요.

찬영이 말에 엄마 아빠는 어찌해야 하나 생각하다가 타협점을 내놓는다.

아빠: 그래도 맛이라도 봐야 하지 않을까요. 반찬으로 올라온 것들 모두 한 젓가락씩이라도 먹어봐야 맛이 있는지 없는지 알 수 있잖아요.

아빠가 말을 하고 나서 대답이 없는 찬영이를 한참 바라본나.

찬영: 그래요. 한 젓가락만. 딱 한 젓가락만 먹어보도록 노력할게요.

찬영이가 한참 뜸을 들인 후에 대답하자 아빠의 얼굴에 조금은 가능성이 생겼다고 생각했는지 좀 더 말한다.

아빠: 노력하려는 태도가 아주 좋아요.

찬영이의 대답에 엄마도 표정이 밝아진다.

엄마: 찬영이가 맛이라도 보고, 골고루 먹으려고 한다니까 정말 다행이다. 힘내보렴.

엄마의 말에 찬영이도 조금은 쑥스러워한다.

한 달 후, 찬영이는 여전히 편식을 많이 하고 있다. 처음 한 주는 어찌어찌 골고루 먹는 모습을 보였지만, 그다음 주부터는 반찬이 없으면, "뭘 먹어?" 하면서 젓가락도 들지 않고 투정을 부렸다. 밥도 3분의 1 정도만 먹고 슬며시 남기고 일어서버린다. 그것을 보고 엄마가 "좀 더 먹어라" 하면, "싫어! 싫다니까!" 하면서 입만 꾹 다물어버린다. 1년 전에는 너무너무 안 먹어서 떠먹여 주기까지 했는데, 지금은 그나마 떠먹여 주지는 않는 편이다. 그래도 아빠는 한 달 전에 조금 좋아졌던 것을 떠올리고 다시 찬영이의 편식과 반찬 투정에 대해서 안건으로 올렸다.

안건. 찬영이의 편식과 반찬 투정이 그 전과 똑같아요(재상정)

아빠: 오늘은 한 달 전에 올라왔던 안건 중 찬영이의 편식과 관련된 안건이 다시 올라와서 이야기하도록 하겠습니다.

아빠가 다시 올린 안건을 이야기했다.

엄마: 여전히 찬영이의 편식이 나아지지 않고 있어요. 요즘도 반찬 투정이 심하고, 항상 두세 숟가락 정도를 남기는 버릇이 생겼어요.

엄마가 찬영이 식사 태도에 대해 조목조목 이야기했다.

아빠: 지난달과 비교해서 조금씩 맛을 보긴 해요. 그런데 손가락만큼이 아니라 손톱만큼 맛보고 안 먹는 경우가 많아요. 찬영이는 어떻게 생각하나요?

아빠가 차분하게 묻자, 찬영이도 버티려다가 이야기한다.

찬영: 맛없어서 안 먹고 싶은데.

찬영이의 말에 아빠는 최대한 차분히 이야기를 이어간다.

아빠; 지금이 키 크는 데 가장 중요한 시기니깐, 꼭 적당량은 먹었으면 좋겠어. 맛이 없더라도. 노력만이라도 해 보면 안 될까?

아빠의 간곡하다시피 한 요청에 찬영이도 조금이나마 고개를 끄덕인다.

찬영: 노력은 해 볼게.

아빠: 그럼 최대한 골고루 많이 먹는 것으로 하고, 일주일 지켜보도록 할게요.

그렇게 일주일 단위로 찬영이의 편식과 반찬 투정은 늘었다 줄었다 하였지만, 노력하기로 한 부분을 서로 응원하고 지켜봐 주기로 했다.

가족회의록

▲ 안건 및 결론

안건. 골고루 먹기

-결론: 최대한 골고루 먹기, 적어도 한 젓가락

재상정 안건. 찬영이의 편식과 반찬 투정이 그 전과 똑같아요

- 결론: 최대한 골고루 많이 먹는 것으로 하고, 다시 일주일 지켜보기

▲ 우리 가족 생각

아빠: 찬영이의 편식과 반찬 투정은 유치원 때부터 조금씩 문제가 되었다. 한창 클 나이가 되어서 많이 먹어야 하는데, 반찬 투정만 하고, 군것질만 좋아하면서 더욱 걱정되어 안건으로 올라왔다. 그나마 가족회의를 통해서 조금씩이라도 먹어보라고 하는 잔소리를 줄이고, 스스로 노력하도록 관심 가져주는 것이 다행이라면 다행이었다. 억지로 먹일 수는 없는 것. 편식하지 않고, 골고루 먹는 것을 가족회의에서 점검도 하고 이야기하면서 한창 크는 나이에 건강하게 쑥쑥 크길 기대해본다.

엄마: 골고루 먹지 않는 식습관 때문에 키가 크지 않을까 봐 걱정된다. 벌써 4학년인데 또래보다 작은 키를 보면 속상하다. 무엇이든 잘 먹는 것을 먹으면 된다는 말을 듣긴 했지만, 어떤 것에도 먹는 데 그리 흥미를 보이지 않아서 걱정된다. 가족회의를 하고 나면 그래도 조금씩은 먹어보려고 하지만 그 효과가 며칠 가지 않는 것이 문제다. 그럼 음식이 먹고 싶게끔 운동 같은 것을 더 시켜서 배가 고플 만한 상황을 만들어줘야 하나 하는 생각까지 든다.

하영: 찬영이가 이번 회의로 인하여 약속을 지켰으면 좋겠다. 또 편식하지 않아야 키가 클 텐데, 안 크면 어차피 자기 손해이기 때문에 많이 먹고 키 많이 크라고 해야겠다.

찬영: 나도 여러 가지를 조금씩은 먹어봐야겠고 엄마가 먹어보라고 하면 한 번쯤 먹어봐야겠다.

▲ 사회자 한마디

찬영이 입장에서는 당혹스럽거나 꺼내기 싫은 안건이 올라오는 것이 큰 거부감이 될 수 있다. 최대한 안건의 취지를 잘 설명해서 찬영이가 할 수 있는 것과 가족이 도와줄 수 있는 것을 논의하는 데 초점을 맞춘다면 거부감을 줄이고 노력하는 부분에 관심 갖게 할 수 있을 것이다.

▲ 오늘의 간식 치킨(찬영 Pick)

아빠가 공부한 내용

아이들의 잘못된 행동에 관심을 두지 말고, 스스로 잘못된 목적을 알아차리고 바람직한 동기의 수정을 이끌어야 한다.

— 유리향, 선영운, 오익수, 『교사를 위한 아들러 심리학』

편식과 반찬 투정을 없애는 것이 관심사가 아니라 찬영이가 본인의 식습관을 스스로 알아차리고 노력해나가는 데 초점을 두는 것이 필요하다. 과거처럼 혼을 내거나 벌을 주는 방식은 더 이상 허용되지 않고, 사용해서도 안 된다. 아이가 노력하는 데 관심 갖고 스스로 깨달으며 가족의 소속감을 느끼게 하는 데 초점을 두어야 한다.

제인 넬슨은 『아들러 긍정 훈육법』에서 '편식과 느리게 먹는 것에 대해 지도하고 15~20분 후에 그릇을 정리한다. 그리고 당도가 높은 음식을 피하고 건강한 간식을 준다'라고 제안했다.[8]

제인 넬슨은 혼내지 않으면서 스스로 즐거운 식사에 참여하도록 기다리라고 하였다. 매번 혼나게 되는 식사 자리는 아이 스스로에게도 매우 힘든 일이고, 식사 시간이 싸우는 시간으로 바뀌게 되고, 올바른 식사 습관 형성과는 영영 멀어질 수도 있기 때문일 것이다. 가족회의에서 이야기를 나누고 다른 시간에는 혼내지 않으면서 규칙을 따른다. '투정을 부리는 경우와 일부러 늦게 먹는 경우 식사를 치운다'라는 자연적 결과나 논리적 결과를 적용하는 것이다. 물론 그 규칙에 관해 설명하고 선택하도록 하는 과정은 필요하다. 이것은 감정적인 것을 배제하고 지도하는 데 큰 도움이 된다.

---

8) 제인 넬슨, 『아들러 긍정 훈육법』 206쪽 참조.

아들러 심리학에서는 힘겨루기라는 부적응 행동에 대해 같이 싸우지 않기를 강조했다. 이러한 원칙을 통해 지도하는 것에 답답함을 느끼고 어려울 수 있다. 그렇지만 갈등을 줄이면서 스스로 실천하도록 기다리는 것이 분명 장기적으로 훨씬 효과적이다.

6) 엄마 과부하 줄이기

저녁 식사 준비 시간. 다들 TV를 보거나 소파에 앉아서 쉬고 있는데, 엄마만 요리하느라 바쁘다. 아빠도 그전엔 요리를 가끔 했지만, 찬영이와 하영이가 맛없다고 하고 엄마 것이 너무너무 맛있다고 해서 이젠 엄마가 모임이나 출장을 갈 때 제외하고는 모든 요리는 엄마가 담당하고 있다.

맛있게 저녁을 먹고 나서 아빠가 느긋하게 설거지를 하는 동안 엄마는 찬영이와 하영이 숙제를 검사하고 있다. 최근에는 수학 문제집 푸는 것도 엄마에게 봐달라고 해서 엄마는 다시 9시 넘어서까지 차 한 잔 마실 시간도 없이 아이들과 삐질삐질 땀을 흘리고 있다.

9시 넘어서도 찬영이는 엄마에게 책을 읽어달라고 한다. 1학년 때부터 읽어주던 책을 최근에는 녹음까지 해서 여행 가면서도 즐기듯 듣고 있다. 엄마가 읽어주는 책이 더 실감 난다나 어쩐다나. 찬영이는 10시가 넘었는데도 한 챕터 더 읽어달라고 한다. 찬영이를 겨우 씻으러 보냈는데, 하영이가 모르는 문제가 있다고 물어봐 그걸 다시 알려주고 있다. 10시 반, 엄마도 이제 기운이 다 빠져서 쉬고 싶은데, 찬영이가 재워달라며 다시 엄마를 보챈다. 엄마도 못 이기는 척 핸드폰 하나 들고 찬영이가 잘 때까지 옆에 누워 있겠다며 찬영이 방으로 다시 간다. 11시 엄마는 하영이가 잠에 들자 이제야 씻고 어제 아껴두었던 드라마 재방송을 잠깐 보고 잠을 청해본다.

다음 날도 똑같은 일과가 흘러가던 중 엄마는 9시쯤 넘어서 설거지와 빨래를 조금 거들고 놀고 있는 아빠에게 말을 건다.

"애들 좀 데리고 나가!"

"오늘 피곤하다고 안 나간다고 하던데."

아빠는 조금은 억울하다고 변명을 한다.

"이 녀석들이 딱 붙어서 쉴 틈이 없어서 힘들어."

"저녁 먹기 전이나 저녁 먹고 나서 산책가자고 해 볼게."

"나한테만 붙어 있고, 나 과부하인 것 같은데."

"그러게, 나한테는 밖에 나갈 때 빼고는 전혀 귀찮게 안 하는데, 가족회의 안건으로 올릴까?"

"그러든지."

엄마도 기대는 하지 않지만, 안건으로 엄마 쉴 시간 주는 것을 이야기한다고 하니, 딱히 거절은 하지 않는다.

아빠는 곧바로 핸드폰을 찾더니 '엄마 과부하 줄이기'라고 안건을 올린다.

안건 1. 엄마 과부하 줄이기

이번 주 가족회의가 시작되었다.

아빠: 오늘 첫 번째 안건은 '엄마 과부하 줄이기'입니다.

찬영: 과부하가 뭐야?

찬영이는 안건으로 올라왔는데도 읽어보지 않았는지 그제야 묻는다.

아빠: 과부하는 말 그대로 부하가 과하다는 것이지.

찬영: 부하가 과하다고? 무슨 소리야.

아빠: 그게 그 부하가 아니고 한자어야. 과할 과, 질 부, 멜 하. 짐을 지

거나 메는 것이 과하다, 넘친다는 뜻이야.

아빠는 왠지 찬영이가 물어볼 것 같아서 미리 핸드폰 사전에서 찾은 것을 슬쩍 보면서 알려준다.

아빠: 즉 짊어진 짐이나 일이 많아서 힘들다는 뜻이지. 보통 기계가 과부하가 걸리면 폭발하거나 불 나지.

찬영: 아!

찬영이는 이제야 알겠다는 듯 감탄을 뱉는다.

아빠: 아무튼 엄마가 퇴근하고 저녁 11시까지 거의 쉴 시간이 없더라고, 특히 너희들 숙제랑 공부 봐주고 거기에다 찬영이 책을 한 시간 넘게 읽어주면서.

찬영이는 속으로 조금 찔리는지 '그랬나' 하는 혼잣말을 한다.

하영: 그럼 어떻게 줄이면 되는데?

아빠: 먼저 엄마에게 물어보면 어때?

어떻게 하면 좋을지, 엄마에게 묻는다.

엄마: 음 취미 생활이 필요해.

하영: 무슨 취미 생활?

엄마: 올해 우쿨렐레 동아리 다시 하기로 했는데, 그거 할 시간을 충분히 주면 좋겠는데. 연수도 듣고, 연습할 시간도 주고.

아빠: 저번에 찬영이가 우쿨렐레 시끄럽다고 못 하게 했잖아.

엄마는 재작년에 직장 동료들과 우쿨렐레 동아리를 하면서 연습을 한 적이 있는데 그때 잠깐 하고 그만두었다가 최근에 다시 동아리 활동 권유로 시작했다.

엄마: 우쿨렐레 연습하면 과부하가 좀 덜할 것 같은데, 하루 20~30분. 매일 하진 않을 거야.

찬영: 좋아.

하영: 나도.

엄마: 또 하영이 찬영이가 안 싸웠으면 좋겠어. 최근에 찬영이가 피아노랑 등등 양보를 하면서 싸움이 줄어들긴 했는데 여전히 양보 안 할 때는 싸워. 그때가 젤 힘들어.

엄마의 말에 찬영이와 하영이는 서로 얼굴을 보며 '네 탓이야' 하는 눈짓을 주다가 최근 줄어들었다는 말에 조금은 표정이 밝아진다.

아빠: 둘이 싸우지 않도록 노력하고 더 심해지면 추가 안건으로 해서 이야기하면 어때요?

둘 다 고개를 끄덕인다.

아빠: 책 읽어주는 건은 어때? 너무 많이 읽어서 힘들다고 했잖아?

찬영: 안돼. 책 읽는 것 좋은데.

엄마: 이제 너무 많이 읽어봐서인지 별로 힘들지 않아. 지금 정도만 하거나 계속 읽어달라고 하지 않도록 해요.

엄마가 읽어주는 것을 줄이지 않겠다고 하자 찬영이도 다행이라며 안심을 한다.

아빠: 그럼 엄마 과부하 줄이기는 엄마의 취미 생활, 우쿨렐레 연습할 시간과 레슨 받을 시간을 주는 것으로 하고 그때 방해하지 않기로 합시다. 그리고 하영이 찬영이 싸우지 않기로 하면 될까요?

모두: 네.

안건 2. 전등불 끄기

아빠: 다음 안건은 전등불 끄기입니다. 엄마가 설명해주세요.

엄마: 다들 공간을 사용하고 불을 너무 안 끄고 있어요. 특히 찬영이와

하영이가 심해요.

　엄마의 말에 찬영이와 하영이는 찔리는지 입을 다물고 듣고만 있다.

　엄마: 이제 초여름이라서 보일러를 안 켜서 전기세가 적게 나와야 하는데 여전히 많이 나오고 있어요. 최근 화장실은 아예 불이 켜져 있는 경우가 대부분이에요.

　아빠: 나는 끄고 있어.

　아빠는 자기는 그래도 끄는 편이라는 것을 말하고 싶은지 항변을 한다.

　엄마: 아무튼 화장실, 거실, 방, 공간을 안 쓸 때 꼭 불을 껐으면 좋겠습니다.

　엄마의 너무도 당연한 말에 식구들은 다들 알았다고 고개를 끄덕인다.

　엄마: 일단 일주일 지켜보고, 다른 방안을 마련하든지 추가 논의를 하든지 했으면 좋겠어요.

　모두: 네

　다음 주. 엄마는 직장동료들과 퇴근 후 우쿨렐레 레슨이 있다고 저녁 식사 시간이 끝나고 나서 왔고, 이틀에 한 번씩 연습했다. 찬영이가 시끄럽다고 말을 했지만, 가족회의에서 시간 주기로 한 것을 말하자 알았다고 하여 엄마의 취미 생활이 보장되기 시작했다. 그나마 엄마도 스트레스를 푸는 시간을 찾았는지 손가락이 조금 아파 보이긴 했지만 즐겁게 연주했다. 코

로나로 거리두기가 강화되어 두 번 중 한 번 이상은 원격으로 하였지만, 가을엔 연주회도 한다며 열심히 연습했다. 가을 연주회가 기다려진다. '설마 원격으로 하진 않겠지?' 하고 엄마는 혼잣말하곤 했지만, 빨리 코로나 백신을 다 맞고 연주회에서 멋진 연주를 해서 엄마의 노력이 꽃피우길 기대해본다.

가족회의록

▲ 안건 및 결론

안건 1. 엄마 과부하 줄이기

- 결론: 엄마의 취미 생활인 우쿨렐레 연습할 시간과 레슨받을 시간 보장하고 그때 방해하지 않기, 그리고 하영이 찬영이 싸우지 않기

안건 2. 전등불 끄기

- 결론: 모두 불을 잘 끄기로 하고 일주일 후 재점검하기로 함

▲ 우리 가족 생각

아빠: 최근에 아이들의 숙제와 공부를 봐준다고 하면서 엄마 일이 무척 많아졌다. 아이들도 엄마가 편하고 더 잘 가르쳐주는지 엄마가 좋다고 하면서 엄마를 찾아, 엄마는 주말에 아침 11시 넘게까지 자는 것으로 피로를 풀고 있었다. 우쿨렐레를 통해서 그나마 스트레스를 풀고 쉬는 시간이 된다고 하니 다행이기도 하면서 안타깝기도 하다. 내가 맡은 일도 좀 더 열심히 하고 아내 일까지 도와야겠다고 생각하게 되었다. 오늘도 빨래 건조기에 먼지 빼다가 전원 버튼 누르는 것을 잊어버려서 빨래 썩는다고 난리가 났는데 실수를 줄이고 더 열심히 해야겠다.

엄마: 가족들이 나의 노고를 알아주는 것 같아 뿌듯했다. 더불어 취미 생활도 할 수 있는 시간이 확보되어 다행이다. 앞으로도 나의 시간을 확보해서 뭔가에 더 투자하고 싶다. 잘 생각해보면 아이들과 보내는 시간 중간중간에도 비는 시간이 꽤 많다. 그 시간에 운동에 좀 더 투자해볼까 다짐해본다.

하영: 아빠가 못해서 엄마가 어쩔 수 없이 우리 공부를 도와주는 것이기 때문에 아빠

는 집안일이랑 아빠가 할 수 있는 일은 뭐든지 엄마 시키지 말고 자기가 하면 될 것 같다. 그래도 엄마가 우쿨렐레로 피로를 풀 수 있다는 것이 다행이다. 그리고 아빠와 찬영이는 엄마를 힘들게 하니까 노력이 매우 필요한 사람이다. 하지만 난 아니기 때문에 착하다.

찬영: 엄마 과부하를 줄일 수 있게 노력하고 우쿨렐레는 내가 없을 때 하면 좋겠다.

▲ 사회자 한마디

엄마의 과부하를 줄이기 위한 회의에서 엄마의 의견을 바탕으로 결정하였다. 여러 의견을 모으면서도 당사자의 의견을 가장 반영하여 회의를 진행하거나 결정한다면 좀 더 존중받는 느낌을 받을 수 있다. 아무리 좋은 내용도 당사자에게 별로 와닿지 않는 내용은 의미 있는 해결책이나 대책이 되지 않을 수 있다.

엄마가 가장 힘들어하고 가장 원하는 것을 함께 고민해보는 것도 좋은 방법이 될 수 있다. 그리고 꼭 다음 주에 돌아보기를 하여 잘되고 있는 것, 추가적인 논의사항이나 부족한 것을 살펴보는 것도 매우 중요하겠다.

▲ 오늘의 간식 생과일주스(하영 Pick)

아빠가 공부한 내용

아이와 친밀한 관계를 맺은 이후 어머니가 해야 할 과제는 아이의 관계를 아버지로 확장하는 것이다. 또 어머니는 아이의 관심을 사회생활로 돌려야 한다.
— 알프레드 아들러, 『가족이란 무엇인가?』

이 책에서 아들러는 엄마의 역할은 아이들이 아빠와 협력하고 자녀들끼리 협력해야 한다고 이야기한다. 엄마에게 의지하고 엄마와만 친밀감을 계속해서 쌓아나가는 것은 사회성을 길러나가는 데 도움이 되지 않는다. 다른 사람과 관계를 맺고 협력해나가도록 관심을 두어야 한다. 이를 통해 협동심을 배우고 가족 모두가 서로를 동료로 인식하는 것이 중요하다고 하였다.

가족들이 해야 할 역할을 나누고 과중한 일들을 나누는 것이 필요하다. 가족회의에서 함께 논의하여 역할을 재설정하는 것도 좋은 방법이다. 서로가 협력을 증진하는 과정으로 구성하는 것이 좋다. 대부분 엄마와는 협력이 잘 되는 편이다. 이것을 아빠나 다른 형제자매와도 협력하도록 과제를 제시하는 것도 좋은 방법이다. 가족 내 협력하는 과정에서 소속감이 높아지고 가족의 화목도 챙길 수 있을 것이다.

아빠와 거리감을 두는 것은 아빠와 협력할 기회가 없었거나 엄마와 함께하는 것이 더 편한 느낌으로 지속되었을 수 있다. 하지만 엄마도 자신의 시간을 갖는 것이 필요하고 특히 건강 측면에서 더욱 그러하다. 끊임없이 이리 불려다니고 저리 불려가면서 에너지가 방전되는 것이고, 결국 건강에 이상이 오게 된다. 자기만의 시간을 가질 수 있도록 가족들이 서로서로 배려하는 과정이 필요하고 이를 진지하게 논의할 필요가 있다.

현재 하영이와 찬영이의 놀이는 아빠와 같이하고, 학습이나 독서활동은 엄마와 해왔다. 그런데 학년이 올라갈수록 점차 노는 시간이 줄어들고, 학습하는 시간이 늘어나면서 엄마와의 활동 시간이 늘어난 게 아닌가 싶다. 때때로 역할 부담을 재평가하여 아이들이 스스로 할 시간과 부모 도움이 필요한 시간을 조정하고 그 담당도 재설정하는 것이 필요하겠다.

4. 가족회의를 즐기자!

1) 우리 가족 장래희망

하영이는 어릴 때 피아니스트가 되겠다고 했다. 학원에서 또래 중에서 피아노를 제일 잘 치고 대회에 나가서 준대상이라고 하는 2등, 3등을 하는 등 자신감도 붙어서 피아노를 무척 좋아했다. 그래서 피아노도 자기 방에 놓아달라고 하여 책상은 없어도 피아노는 자기 방에 놓아두고 열심히 연습도 하였다. 요즘에는 과학에 관심이 생겨서인지 여러 과학 분야의 책을 읽으며 흥미를 느끼고 있다.

찬영이는 방과후 로봇 과학을 열심히 하다가 방과후 진도가 자신의 속도보다 느리니까 급격히 관심이 떨어진 상태이다. 그렇다고 공부에 딱히 취미가 있는 것도 아니어서 구구단과 사칙연산만 집에서 열심히 보충하곤 했다. 축구선수가 되고 싶다고 했던 한두 번 빼곤 그 뒤로는 무엇을 하고 싶거나 되고 싶다고 한 적이 없었다. 특히 요즘에는 찬영이가 너무 의욕이 없고 매번 무슨 일을 할 때마다 싫다고만 하여 걱정되었다.

그래서 '장래희망 정하기'를 우리 가족 안건으로 카톡에 슬며시 적어보았다.

안건. 우리 가족 장래희망

아빠: 첫 번째 안건은 지난주에 안내했던 장래희망을 이야기하는 것입니다. 장래희망에 대해서 두세 달에 한 번은 함께 이야기해보면 좋을 것 같아서 안건을 내었습니다. 엄마랑 아빠는 직업이 있지만 그건 지금 하고 있는 일이고 엄마랑 아빠도 앞으로의 목표를 정해서 그것을 꾸준히 노력해서 목표를 이룬다면 그것이 장래희망이라고 할 수 있을 것 같습니다. 그런 취지에서 아빠가 먼저 장래희망을 이야기해보도록 하겠습니다. 글을 쓰도록 하겠습니다. 종류는 상관없이 재미있는 이야기나 공부하는 내용을 써보도록 하려고 합니다. 하루에 한 번씩 생각 정리 시간을 가지려고 합니다.

엄마: 그럼 글 쓰는 사람이 되고 싶다는 뜻인가요?

아빠: 네, 맞아요.

아빠는 어른이면서도 장래희망이라는 것을 말하려니 무척 어색하고 쑥스러운 모양이다.

아빠: 그럼 다음은 하영이 말해주세요.

하영: 저는 의사가 되고 싶어요. 요즘 들어 피아노도 좋지만, 피아노는 취미로만 하고 만약 직업을 갖는다면 주변 사람을 치료해줄 수 있는 의사가 되고 싶어요. 작년에 고모 아픈 걸 보니 더 그래요.

작년부터 피아니스트와 의사를 고민하다가 둘 다 한다고 했는데 피아니스트보다는 의사가 더 좋아졌는지 자신의 꿈을 확고히 했다.

아빠: 네 다음은 찬영이가 말해주세요.

찬영이가 머뭇거리자 아빠가 차분히 이야기한다.

아빠: 장래희망은 계속 바뀔 수도 있고, 여러 개 있어도 돼요. 지금 가장 관심이 있고, 알아보고 싶은 것으로 정하고 또 새로운 것이 생각나면 바꿔

보세요.

　매번 분명하게 무엇을 하고 싶다고 하지 않기에 설명을 덧붙인다.

　찬영: 그럼 사육사나 동물 의사 할래요. 우리 송이 같은 강아지 치료해 주고 싶어요.

　아빠: 그럼 장래희망과 관련된 실천할 목표를 이야기해보면 어때요?

　가족들은 거기에 맞는 실천계획으로 아빠는 일기 쓰기, 하영이는 수학 공부하기, 찬영이는 송이와 놀아주기로 정했다. 이번 장래희망 이야기하기 에서 엄마는 아직 고민 중인지 회의록 정리만 하고 구체적인 내용은 이야 기하지 않았다.

　6개월 후.

　아빠: 지난 겨울방학 때 장래희망에 대해 이야기하였는데, 오늘 가족회 의에서는 그동안 계획이나 목표가 바뀌었거나, 실천이 잘 되었는지 이야기

해보고 싶어요.

아빠는 겨울방학 때 이야기했던 장래희망에 대해서 여름방학이 되자 안건으로 제시하여 이야기를 꺼냈다.

아빠: 먼저 엄마가 이야기해주세요.

엄마: 저번엔 이야기하지 않았는데, 아직 장기 목표는 못 정했고, 단기목표로 올해 목표만 정했어요. 올해 목표만 이야기할게요. 1킬로그램 감량하기와 책 많이 읽기예요.

아빠: 다음은 하영이 이야기해주세요.

하영: 장래희망은 그대로 의사예요. 그리고 단기 목표는 수학 문제 방학동안 많이 풀기예요.

아빠: 다음 찬영이?

찬영: 저는 사육사로 계속할 거예요. 그래서 강아지 훈련시킬 거예요. 올해 목표는 수학 문제도 많이 풀기예요.

아빠: 아빠도 살을 포함해서 불필요한 물건을 많이 버리기예요. 그리고 장기 목표로 글쓰기를 꾸준히 할 거예요.

그렇게 하여 6개월 만에 장래희망과 장기와 단기 목표를 다시 이야기해보았다. 크게 바뀐 것은 없었고, 엄마가 단기 목표를 이야기한 것이 큰 성과였다.

가족회의록

▲ 안건 및 결론

안건. 우리 가족 장래희망

-**결론**: 아빠(글쓰기), 하영(의사), 찬영(사육사, 수의사)

▲ 우리 가족 생각

아빠: 하영이와 찬영이가 장래희망을 정하였으니 그 분야에 관심 갖고 관련된 여러 내용에 대해 많은 조사나 체험을 해 보았으면 한다. 계속 바뀔 수 있겠지만 공통적으로 요구되는 것들도 있을 수 있고, 특별히 필요한 것도 있겠지만 그 과정에서 다양한 경험들을 쌓아갈 것이라고 생각된다. 나아가 직업이나 일뿐만 아니라 인생의 과정 속에서도 이루고 싶은 것을 탐색하고 실천해나갔으면 좋겠다. 지금의 내 직장이 학생 때의 꿈이지만 지금 이 시점에서는 또 다른 목표를 찾고 실천하고 싶듯, 끊임없이 배우고 노력하는 과정에서 인생의 목표를 향해 한 걸음씩 나아갔으면 좋겠다.

엄마: 이날 적극적으로 참여하지는 않았지만, 아이들이 자신의 장래희망에 대해 고민해 보는 모습이 대견스러웠고 아빠가 약속했던 글쓰기의 목표를 꼭 이뤘으면 좋겠다고 생각했다. 더불어 지금 이 시점에서 앞으로 발전할 수 있는 나만의 목표를 설정해서 무언가 해 봐야겠다는 생각이 들었다. 지금 당장 나에게 필요한 목표는 무엇일까?

하영: 가족과 함께 장래희망에 대하여 이야기할 수 있어서 정말 좋았다.

찬영: 아빠가 장래희망을 이야기하라고 해서 그냥 생각나는 사육사와 동물 의사를 말했는데, 이건 확실한 게 아니어서 더 생각해봐야겠다.

▲ 사회자 한마디

안건에 대해 미리 준비를 하지 않는다면 회의 시간에 깊이 있게 논의하지 못할 수 있다. 사회자 또는 부모는 회의 안건에 따라서 미리 준비해야 할 것들에 대해 안내하거나 확인하여 회의가 원활히 이뤄지도록 할 필요가 있다. 특히 장래희망을 함께 논의하는 것은 충분히 시간을 주는 것이 필요하다. 정하지 못했다면 그날 회의에서는 함께 탐색해보고, 다시 일주일이나 한 달 후에 그 주제에 대해 다시 논의하여 스스로 고민할 시간을 주는 것이 필요하다.

▲ 오늘의 간식 치킨(찬영 Pick)

아빠가 공부한 내용

장래희망을 미리 정해서 어릴 때부터 열심히 준비하고 노력하는 사람도 많이 있지만 많은 아이는 장래희망을 너무 멀리 생각하고 있다. 글을 쓰면서도 느끼지만, 아이들은 금방 자라고 금세 초등 저학년에서 고학년, 중고생이 되어 간다. 부모가 자격조건을 만들어주기 위해 동분서주하는 경우가 아니라면, 많은 부모는 때때로 우리 아이의 장래희망이 무엇이었는지 잊고 살기 쉽다. 자주 바꿔서일 수도 있지만, 구체적이지 않을 때가 많아 더 그러하다.

특히 장래희망을 적극적으로 찾지 않는 아이의 경우에는 더욱 관심을 두고 물어보고, 함께 견학과 체험을 곁들인다면 좋을 것이다. 그것이 가족회의에서 이루어진다면 가족 구성원의 관심과 지지를 받고 더욱 성장하게 될 것이다. 찬영이의 경우는 적어도 한두 달에 한 번은 장래희망과 관련하여 실천하고 있는 것을 물어봐주고 이야기해줄 필요가 있겠다.

마법의 지팡이가 있다면 무엇을 할 것인지 물어, 흥미 있는 분야를 찾아본다.
잘하고 있는 분야에 대해 이야기하여 할 수 있는 것과 도와줄 것을 찾는다.
— 제인 넬슨, 『아들러의 긍정 훈육법』 '의욕이 없는 아이' 부분에서

어른들도 마찬가지이지만 아이들은 자신이 정말 무엇을 원하는지 모를 수 있다. 이러한 경우 스스로 깨닫기까지 자연스레 기다리는 것도 좋지만, 함께 찾아보는 활동을 꾸준히 하면서 이를 촉진하도록 돕는 것이 필요하다. 특히 의욕이 지나치게 없는 경우라면 더욱 필요하겠다. 잘하고 있는 분야에서 강점들을 바탕으로 여러 가지 수준 높은 과제를 해나가면서 의욕을 높이고 자신의 장점을 찾아 나가는 것 또한 좋은 방안이다.

2) 코로나시대 아이들 생일을 축하하는 방법

다음 주는 하영이 생일이다. 아직 한 번도 반 친구들을 불러서 생일파티를 한 적이 없는 하영이는 내심 생일파티를 하고 싶은 마음을 가끔 내비쳤다.

"친구 불러도 되려나?"

"네 명까지는 부를 수 있지 않을까? 아니다. 엄마나 식구들 없어야 가능하니까. 세 명까지 가능하려나." 아빠는 하영이가 생일파티를 하고 싶다는 걸 알았지만 코로나라서 친구를 부르고 싶다고 강하게 요구하지 못하는 것을 보고 마음이 아팠다. 할머니 집에 살 때는 아파트단지가 아니라서 학교와 조금 떨어져 있어 친구를 부르지 못했고, 작년엔 코로나라서 거의 친구 집에 가지도 부르지도 못했다.

"아니야. 그냥 집에서 맛있는 거나 많이 해주라고 해야겠다."

아빠는 하영이의 실망이 섞인 목소리에 더욱 마음이 안타까웠다. 그래서 카톡에 '하영이 생일 준비'라고 안건을 적어서 올렸다.

안건: 하영이 생일파티 준비

아빠: 오늘 가족회의를 안건은 먼저 하영이 생일파티 준비가 올라왔어요. 다음 주 금요일이 하영이 생일인데요. 하영이 생일파티를 어떻게 하면 좋을지 알려주세요.

아빠는 자기가 올린 안건이라서 먼저 운을 떼운다.

엄마: 그전처럼 하영이 사고 싶은 선물을 사주고, 케이크랑 먹고 싶은 것 사주면 어때요?

엄마의 말에 하영이는 '항상 하던 대로 할 거면 왜 말을 꺼내지?' 하는 표정으로 기운이 빠진 듯 바라본다.

아빠: 하영이가 친구들 불러오면 어떨까 이야기를 꺼냈는데, 가능한 방법을 찾아보거나 좀 더 특별하게 하면 어때요. 아직 한 번도 친구들을 부르지 않았는데.

엄마: 코로나라서 친구들 부르는 게 가능할까? 식당에서 하는 건 불가능하고, 집에서 해도 두세 명이 최대고, 불가능할 듯싶은데.

하영: 됐어. 친구 안 부를 거야.

하영이가 어렵다는 것을 알고 먼저 포기를 선언한다. 하지만 내심 아쉽다는 표정을 감추진 못한다.

아빠: 아쉽게도 코로나라서 친구를 부르긴 어려울 듯하고, 좀 더 특별하게 해 봅시다. 예를 들어 하영이 좋아하는 것을 많이 해준다든지, 하영이 하고 싶은 걸 해본다든지, 물론 코로나로 제한이 있겠지만 그 범위 내에서 해 보면 어때요?

엄마: 하영이 뭐 먹고 싶은지 다 말해보렴. 엄마가 준비해줄게.

하영: 한우 스테이크, 연어, 초밥, 그리고 마카롱.

아빠: 그거 한꺼번에 다 먹을 수 있긴 하니?

아빠의 말에 하영이도 고개를 갸웃거린다. 하영이는 "다 먹으면 되지" 하고 자신감 있게 말했지만, 전혀 설득력이 없어 보인다.

아빠: 차라리 하영이 생일 주간을 하면 어때. 저번에 찬영이가 생일 이브, 생일, 생일 끝나기 오 분 전, 하면서 아쉬워하던데 아예 생일 주간을 하는 거야. 그리고 먹고 싶은 것 일주일 동안 먹는 거지.

아빠의 말에 엄마는 어이없다는 표정으로 쳐다보고, 하영이는 '그거 좋겠네' 하는 표정을 짓는다. 그때 조용히 있던 찬영이가 발끈한다.

찬영: 난 반대, 내 생일 때는 그런 거 없었는데. 누나만 하고.

아빠: 찬영이는 내년에 그렇게 하면 되지. 코로나 풀리면 나가서 먹거나

큰 파티를 하고.

찬영: 안돼. 누나 좋아하는 거만 하면 반대야.

아빠: 그럼 찬영이 생일 때 못 먹었던 것 다 먹자. 그것까지 포함하면 되잖아.

아빠가 계속 찬영이에게 이야기하며, 찬영이 좋아하는 것도 사준다고 하자 살짝 표정이 바뀐다. 그렇지만 여전히 뾰로통하다.

엄마: 비용적인 부분이 너무 많이 들지 않을까요?

아빠: 대신 메인메뉴는 조금만 선택하고, 간식이나 디저트 위주로 조금씩 사면 큰 지출은 없지 않을까 생각합니다. 부족하면 내 용돈으로 할게.

아빠가 자기 용돈으로 채운다고 하자 엄마도 살짝 하영이 눈치를 보면서 고개를 끄덕인다.

엄마: 좋아. 그런데 어떻게 계획을 세울 건데요?

아빠: 당연히 마인드맵을 해봐야지.

아빠는 하영이 생일파티를 하겠다는 건지, 자기가 맛난 음식을 잔뜩 먹겠다는 건지, A4 한 장을 가져와서 그림을 그리기 시작한다.

아빠: 하영아. 먹고 싶은 것 말해봐. 일단 연어랑 초밥이랑, 한우 스테이크는 넣는다.

아빠는 빠르게 하영이가 말했던 주메뉴를 잊어버리기 전에 적어놓는다. 그리고 하영이를 쳐다본다.

하영: 마카롱, 버블티, 에그타르트, 생과일주스, 이거면 돼. 초콜릿은 집에 있고.

하영이는 자기 먹고 싶은 것을 모두 먹는 생일이라기에 환한 표정을 아주 살짝 감추고는 새침하게 이야기한다.

찬영: 내 거는?

찬영이가 누나 좋아하는 것만 넣는다고 생각했는지 바로 재촉을 한다.

아빠: 당연히 넣어야지. 저번에 못 먹었던 것 말해봐. 아니면 또 먹고 싶은 것 말해도 되고.

아빠는 음식이 더 많아져 기분이 좋은지, 살 뺄 생각은 안 하고 먹을 생각만 하며 싱글벙글한다.

찬영: 치킨, 피자, 생과일주스.

아빠: 그럼 하영이 생일파티 주간이니까. 생일 이브의 이브의 이브, 너무 기네. 생일 4일 전, 3일 전, 2일 전, 이브. 생일, 생일 다음 날, 생일 다음다음 날로 하면 좋겠다. 생일이 금요일이니까. 월요일부터 하면 딱 맞겠네.

일주일 동안 맛난 것을 먹을 생각에 더욱 신나게 이야기를 한다. 하영이 생일인지, 아빠 생일인지 점점 헷갈리기 시작한다.

월요일엔 광어를 사서 초밥을 만들어 먹고, 화요일엔 치킨, 수요일엔 연어회, 생일 이브엔 에그타르트, 생일날엔 스테이크와 케이크, 토요일엔 마카롱, 일요일엔 생과일주스를 먹기로 했다. 엄마는 평소 포장해서 먹지 않고, 직접 요리해서 먹는 스타일이라 '전부 내 일이네' 하는 표정이지만 친구들을 부르고 싶어 했던 하영이를 생각해서 큰마음 먹고 동참했다. 찬영이의 피자는 저번 자기 생일 때 먹었던 것으로 취소되었지만 치킨도 사주고 내년엔 찬영이 생일 주간을 한다는 말에 못 이기는 척 동의했다. 그리하여 오랜만에 너무너무 신나는 가족회의로 끝을 맺었다.

다음 주 월요일. 엄마의 고생은 시작되었다. 횟집과 초밥가게에서 사 오면 될 것을 아빠는 자기 용돈을 아껴보겠다고 수산시장에서 광어를 회 떠와서 엄마는 초밥을 만들고, 맑은 탕을 끓이는 부산을 떨며, 하영이 생일 이브의 이브의 이브의 이브, 즉 생일 4일 전날이 시작되었다.

　화요일은 치킨으로 가볍게 하영이 생일 3일 전을 축하해주었다. 그리고 수요일은 광어 초밥 때와 비슷하게 연어가 택배로 오자, 회덮밥을 만들어 먹었고, 목요일엔 아빠랑 둘이 동네 산책을 하며 에그타르트 두 개를 사 와서 엄마 눈치를 보며 네 가족이 나눠 먹었다.

　대망의 생일날은 엄마가 간장 큐브 스테이크를 만들어주었다. 하영이가 원하던 한우가 아닌 호주산이었지만, 엄마의 특제 소스와 곁들여서 모두 맛있게 먹었다.

　그리고 저녁 식사 후 케이크는 하영이가 가장 좋아하는 케이크를 사 와서 하기로 하였다. 아빠는 꽃을 선물로 달라는 하영이 말을 까먹고 있다가 케이크와 함께 사러 갔는데, 다들 문을 닫아서 내일 사준다고 말해 여지껏 들뜬 기분에 찬물을 끼얹었지만, 아빠가 사 온 치즈케이크가 너무 달

콤해서 한 번 봐주기로 했다.

난생처음 들어보는 '생일 다음 날 축하 음식'인 마카롱은 에그타르트처럼 두 개를 사 와서 나눠 먹었고, 어제 못 사준 꽃을 사주며 다시 한 번 축하해주었다. 생일 주간의 종지부를 찍는 일요일엔 더 이상 지출하지 못하고, 하영이를 달래고 달래 바나나와 딸기를 사 와서 집에서 생과일주스를 갈아주었다. 하영이는 '얼음이 없네' 하며 핀잔을 주었지만 '생일 축하해' 하며 주스를 건네자 환한 웃음을 지으며 시원하게 쭉 들이켰다.

가족회의록

▲ 안건 및 결론

안건: 하영이 생일파티 준비

결론: 생일 주간 행사하기

- 월요일: 광어회 / 초밥
- 화요일: 치킨
- 수요일: 연어회
- 생일 이브(목요일): 에그타르트
- 생일날(금요일): 스테이크와 케이크
- 토요일: 마카롱
- 일요일: 생과일주스

▲ 우리 가족 생각

아빠: 가족에게 가장 중요한 날은 뭐니 뭐니 해도 생일이지 않을까? 코로나라서 외식도 제한되고, 친구를 부르기도 힘들다. 요즘은 특히 코로나 확진자가 늘고 있다. 그렇다고 잠잠해지길 기다리기도 마땅찮다. 가족이 함께 특별한 생일파티를 계획하고 함께 축하해주는 것은 가장 빛나고 즐겁고 행복한 추억을 쌓을 수 있다. 그것의 시작을 가족회의와 함께할 수 있어서 더욱 뜻깊었다.

엄마: 생일 주간이라니 뭔가 특별한 일이었던 것 같다. 하영이한테만 해주고 먼저 생일이었던 찬영이한테는 그렇게 못 해준 게 조금 아쉬웠다. 다음번 생일에는 좀 더 챙겨주기로 마음먹었다. 오랜만에 즐거운 주제여서 아이들과 이야기하는 과정이 참 즐거웠다. 이런 즐거운 주제가 여러 번 있었으면 하는 바람이다.

하영: 엄마가 너무 했다. 먹을 것만 가족회의 때 이야기해서 진짜 생일 선물은 사주지
　　　않았다. 다음에 또 이런 일로 이야기할 때 꼭 선물 이야기도 할 것이다.
찬영: 이렇게 음식 이야기를 많이 할 수 있어 가족회의가 좋아진다. 생일로 인해 더
　　　많은 음식을 먹을 수 있으니까 더 좋다.

▲ 사회자 한마디

즐거운 주제를 가지고 하는 가족회의는 정말 맛있는 밥은 반찬도 필요 없듯이 그 자
체만으로도 특별하고 행복해진다. 자칫 우울한 생일이 될 뻔한 것을 가족회의에서
나온 의견들로 만들어간 생일파티는 가족의 큰 행사가 되었다. 물론 무작정 먹고 놀
기만을 하는 것으로 흐르지 않고, 무한정 돈을 쓸 수 있는 것이 아닌 만큼 할 수 있는
것과 제한이 필요하겠다. 최소한의 가이드라인을 가지고 함께 만들어가는 가족행사
는 가족의 에너지를 더욱 높이는 축제가 될 수 있다.

▲ 오늘의 간식 녹차라떼(엄마 Pick)

아빠가 공부한 내용

아이들 최대의 목표는 소속감과 존재감이다.
— 제인 넬슨, 『아들러의 긍정 훈육법』

　아이들의 소속감 추구는 긍정적인 방향과 그렇지 않은 방향으로 다양
하게 표출된다. 긍정적인 방향 추구는 긍정적인 피드백을 주지만 그렇지
않은 방향은 많은 갈등을 야기하며 더욱 스스로를 힘들게 하곤 한다. 이
렇듯 소속감에 대한 추구는 그 자체뿐만 아니라 방법도 매우 중요한 부분
인데, 이를 가족 내에서 긍정적인 피드백을 받으며 강화해나갈 수 있다면
매우 좋은 방법이 될 것이다.

가족 구성원을 통해 느끼는 소속감은 자기 자신에게 큰 힘이 된다. 가족의 행사를 함께 계획하고 즐기며 느끼는 소속감은 커다란 즐거움과 더불어 관계의 개선에도 큰 힘을 준다. 나아가 자존감을 높여주어 자신의 역량을 발달시키는 기회도 된다. 그러한 기회와 경험을 가족이 함께 제공해주는 것은 매우 큰 자원이 되며, 그 방식이 민주적이라면 그 또한 두말할 필요 없을 것이다.

즐거운 가족 행사는 큰 시간과 비용이 들지 않아도, 활력과 에너지를 줄 뿐만 아니라 소속감을 높여주며, 특별한 부작용도 동반하지 않는다. 이러한 가족행사가 가족회의와 함께 이루어지면 서로 윈윈(Win-Win)할 수 있다. 이는 가족회의가 선순환하는 데 더욱 좋은 기회가 될 것이다.

3) 스마트폰 캐시워크 대신 아빠 캐시워크

오늘 아침 찬영이는 집에 오자마자 스마트폰을 꺼내서 앱을 켰다. '조금만 모으면 껌을 먹을 수 있겠다' 하고 생각했다. 풍선껌을 좋아하는 찬영이는 껌 먹을 생각에 스마트폰을 꺼내서 다시 앱을 실행하고 한참 바라보다가 집어넣었다. 그리고 5분 있다가 또 꺼내서 핸드폰을 바라본다.

지난주 학교에서 친구들이 캐시워크 앱으로 치킨을 먹었다는 이야기와 바나나우유를 먹었다는 이야기를 듣고, 열심히 해야겠다고 생각해 매일매일 걷고 스마트폰을 확인하곤 했다.

그날 저녁 아빠는 찬영이가 볼 때마다 스마트폰을 하고 있는 것을 보고, 찬영이에게 물었다.

"찬영아 뭐 하는 거야? 계속 스마트폰만 보니?"

찬영이가 스마트폰을 거의 2시간 넘게 3~4분 간격으로 껐다 켰다를 반복하는 것을 보고 '요새 들어 부쩍 많이 하네'라고 생각하다가 물어본 것이다.

"나 캐시워크 하는데. 저번에 말했잖아. 걸으면 돈 주는 앱."

"아 그거. 그런데 뭘 그렇게 계속 보고 있어? 걷고 나서 한 달에 한 번 확인하면 되는 거 아니야?"

"이게 걷고 나서 확인해줘야 해요."

"뭐? 얼마나 자주?"

"친구에게 물으니 최소한 하루에 한 번은 확인해야 한다던데요. 확인 안 하면 없어진대요."

"아! 그런데 왜 이렇게 자주 확인해?"

"얼마나 자주 올라가는지 확인하는데요."

"음. 그럼 너무 자주 하지 말고 하루에 한 번씩만 하렴."

"그럴게요."

찬영이 대답에 아빠는 '게임이나 유튜브가 아니니까 괜찮겠지' 하면서 크게 걱정하지 않았다.

이틀 후. 아빠는 거실에서 찬영이가 또 스마트폰을 며칠 전처럼 하고 있는 것을 보고 가까이 다가가서 화면을 들여다본다.

"찬영아 그건 무슨 게임이야? 게임 깔 때 엄마에게 허락은 받는 거니?"

"이거 캐시워크인데요."

"캐시워크? 거기에 게임도 있어?"

"네. 여기에 뭐가 있나 보다가 게임이 있어서 조금 했어요."

찬영이는 캐시워크 앱은 허락을 받은 터라 게임을 잠깐씩 하는 것은 크게 문제가 안 된다고 생각하면서 이야기했다.

"그렇구나. 그래도 많이 하지 말렴."

아빠는 새로운 게임을 깔았나 싶어 물어보았는데, 그건 아니라서 다행이라고 생각했다.

다음 날 저녁. 찬영이가 아빠에게 자랑을 했다.

"아빠, 캐시워크에서 5천 원 받았다."

아빠는 캐시워크가 한 달에 3천 원이 최대라고 알고 있었는데, 2주밖에 안 되었는데 5천 원을 받았다고 하니 이상해서 물었다.

"여기 룰렛이 있는데, 거기서 돌려서 나왔어요."

찬영이의 말에 아빠는 찬영이 핸드폰에서 룰렛을 어떻게 하는지 물어보고 확인했다. 정말로 찬영이가 5천 원에 당첨되어 그것으로 상품을 선택한 것을 볼 수 있었다. 누나랑 과자, 음료수를 먹기로 했다고 이야기했다. 편의점에서 바꾸면 된다고 아주 신나 있었다. 룰렛은 최소 1점을 주어서 계속하다가 나왔다고 했다.

아빠는 광고도 주기적으로 봐야 해서 상업성이 매우 짙고 중독성을 가지고 있고, 심지어 도박과 비슷하다는 생각까지 들어 경고를 해주었다.

다음 날 찬영이는 누나와 함께 바나나우유와 껌이랑 과자를 나눠 먹었고, 그 뒤로 더 자주 스마트폰을 하는 것을 보게 되었다. 찬영이에게 적당히 하라고 이야기했지만 잘 안 지켜지는 것을 보고 가족회의에서 이야기해야겠다고 생각했다.

안건: 캐시워크 많이 하지 않기

가족회의 날 간식으로 에그타르트를 먹고 나서 거실에 모여 가족회의를 시작했다.

아빠: 오늘 가족회의 안건은 '캐시워크 많이 하지 않기'입니다. 요즘 찬영이가 캐시워크 앱을 깔고 나서 걷기를 많이 하고 있긴 하지만 거기에 있는 게임이랑 룰렛을 너무 많이 하고 있어서 이야기하고 싶어요.

아빠가 먼저 캐시워크에 대해 이야기를 꺼냈다.

엄마: 요즘 하영이 찬영이 둘 다 캐시워크 한다고 스마트폰을 훨씬 자주 하는 것 같아요.

아빠: 처음에는 하루에 한 번만 확인하면 된다고 했는데, 룰렛을 하면서 더 많이 하지 않니?

찬영: 룰렛에서 5천 원이 나와서 자주 하는 편이에요.

하영: 나도 이번 주에 100번 정도 했나 그런데 계속 1캐시만 나와서 그 뒤로는 많이 안 해요.

엄마: 캐시워크가 걷기로 건강도 챙기고, 간식도 먹을 수 있긴 한데, 룰렛은 도박성 게임이라서 안 좋은 것 같아.

찬영: 룰렛이 도박이야?

아빠: 응 룰렛은 도박장에 있는 게임 이름이야. 도박 자체가 중독도 강하고 어린이들에겐 정말 안 좋아.

엄마: 그런데 룰렛에 제한이 없어?

하영: 광고를 보긴 해야 해.

엄마와 아빠는 광고를 보아야 한다는 것에 상업성도 매우 높다고 생각했고, 캐시워크를 당분간은 안 하는 것도 좋겠다고 생각했다.

아빠: 캐시워크에 있는 광고와 룰렛이 문제라고 생각해. 캐시워크 하지 말고 차라리 '아빠 캐시워크'를 하면 어떨까?

하영: 아빠 캐시워크?

아빠: 아빠가 생각한 건데, 스마트폰에 기록된 한 달 걸음 수를 계산해서 1만 걸음에 200원 주는 것으로 하면 어떠니?

찬영이와 하영이는 캐시워크 앱보다 2배로 준다고 하자 좋은 반응을 보였다. 그 뒤로 '아빠 캐시워크'에 대해 궁금한 것을 물어보았다.

아빠: 그럼 이번 달부터 해 볼까요?

이번 달부터 하기로 결정하고, 하영이와 찬영이는 '아빠 캐시워크' 이름이 재미있다며 용돈도 늘어나겠다고 좋아하는 분위기였다.

그달 말일. 찬영이와 하영이는 스마트폰에 있는 걸음 수를 아빠에게 보여주었다. 찬영이는 12만 걸음. 하영이는 10만 걸음을 기록했다. 그래서 찬영이는 2,400원을 하영이는 2,000원을 '아빠 캐시워크'로 받게 되었다. 확실히 캐시워크를 한다고 핸드폰을 자주 하지 않게 되었고, 룰렛 등 사행성 게임도 안 하게 되었다.

아빠는 캐시워크 앱보다 두 배로 주기로 한 것으로 관심을 끌었지만, 아이들이 많이 걷게 되면 지출이 커져서 계속할 수 있을지 고민했다. 그래서 캐시워크는 룰렛 등 다른 것들만 하지 않으면서 다시 하고, '아빠 캐시워크 1만 걸음에 100원으로 줄여야 하나?' 하고 고민했다.

가족회의록

▲ 안건 및 결론

안건. 캐시워크 많이 하지 않기

-결론: 캐시워크 앱은 하지 않고, '아빠 캐시워크' 하기(1만 걸음당 200원)

▲ 우리 가족 생각

아빠: 캐시워크는 취지가 매우 좋은 앱이다. 걸은 만큼 용돈을 준다니 얼마나 좋은가? 그렇지만 앱도 운영상 다양한 광고 및 유인책으로 많은 사행성 짙은 내용이 있었고, 아이들에게 좋지 않았다. 특히 도박게임으로 도박에 무감각해지는 느낌과 스마트폰을 훨씬 자주 하게 되는 문제가 있었다. 아이들에게 같은 용돈이라면 아빠가 주는 캐시워크를 통해서 좀 더 건강한 용돈을 주면 어떨까 생각했고, 우선 한 달 시행에 들어갔고, 큰 문제가 없다면 계속 시행해보고 싶다.

엄마: 아이들이 걷기에 관심을 가지는 것은 좋은 일이지만 그것이 게임과 연관되어 있다고 하니 다른 방안을 고민하게 되었다. 하지만 휴대폰 앱을 무조건 나쁘다고 할 수 없고 아예 핸드폰을 안 하게 하는 것도 좋은 방법은 아니니 아이들 스스로 조절할 수 있게 도와주는 게 더 맞을 것 같다. 하지만 우선 가족회의 결과가 '아빠 캐시워크'를 하기로 했으니 우선은 지켜보기로 하자.

하영: 캐시워크는 좋지만 그 룰렛을 계속하면 중독이 될 수 있기 때문에 가족회의 안건으로 낸 건 참 좋은 일인 것 같다. 회의로 인하여 캐시워크가 아닌 아빠가 그것 대신해주어 돈도 더 많이 벌어서 좋은 것 같다. 이런 회의라면 얼마든지 할

수 있다.

찬영: 나는 맨 처음 캐시워크가 게임도 있고 룰렛이 있어서 좋았다. 그런데 가족회의를 하고 나서 룰렛이 좋지 않다는 것을 잘 알게 되었다. 캐시워크 앱도 괜찮았지만 '아빠 캐시워크'가 더 좋은 것 같다.

▲ 사회자 한마디

가족회의를 진행하면서 미리 다양한 제안들을 준비한다면 훨씬 안건에 대해 논의하는 폭이 넓어질 것이다. '좋지 않은 것이니 하지 말자'라고 하는 것은 선택의 폭이 없을 뿐 아니라 동기가 매우 부족해지기도 하고 금방 문제가 되풀이될 수 있다. 아이들이 선택할 수 있는 제안들을 준비하여 제시하면서 회의를 원활하게 하는 동시에 문제 해결의 다양한 방법을 논의하는 것도 좋은 방법이다.

아울러 시행하면서 발생되는 문제를 살펴보며 조정하거나 동의를 구하여 변경해 처음 취지를 살려 나간다면 좀 더 유연하게 문제를 해결할 수 있을 것이다.

▲ 오늘의 간식 에그타르트(하영 Pick)

아빠가 공부한 내용

스마트폰 사용은 가족이 함께 사용 규칙을 정하는 것이 중요하다. 스마트폰은 많은 정보와 편리를 제공하지만, 그 중독성은 아이들에게 매우 치명적이며, 생활의 다른 영역까지 좋은 않은 영향을 준다. 특히 무분별한 콘텐츠는 아이들의 정신건강 문제까지 일으키고 있기 때문에 더욱 주의가 필요하다.

대표적으로 선정적이거나 폭력적인 영상물, 사행성 게임 등이 있다. 일반적인 스마트폰 게임도 큰 문제이지만, 부적절한 내용이 포함된 경우 더욱 관심과 관리가 필요하다. 특히 괜찮은 콘텐츠로 알고 있는 캐시워크 앱의 경우에도 광고와 룰렛 등 사행성 게임을 이용하는 횟수가 늘어나는 것을 발견했다. 물론 관리를 잘하고 잘 이용하면 좋은 프로그램이지만 동시에 아이들의 충분한 교육과 지도가 필요하다.

관리 프로그램을 활용하여 시간을 제한하거나 함께 규칙을 정하는 것도 중요하며, 더 세심하게 아이들이 하는 앱이나 프로그램을 함께해보거나 관찰하여 시기적절하게 지도하는 것이 꼭 필요하다.

4) 아빠 엄마도 핸드폰 사용 시간 정해요

찬영이는 월요일 저녁 수학 문제를 풀면서 소파에 앉아 있는 엄마를 보고 의문을 표한다.

"엄마 뭐해?"

"쇼핑하는데. 네 옷 고르는 중이니까 이따가 와서 색깔 알려주라."

코로나시대가 되면서 엄마의 핸드폰 쇼핑은 온종일 끝나지 않는다. 그 옆에 아빠도 마찬가지로 핸드폰을 보고 있다.

"아빠는 뭐해?"

"나? 뉴스 보는데."

아빠는 오늘도 여전히 뉴스를 보고 있다. 매번 뉴스를 본다고 하면서 핸드폰만 쳐다본다. 찬영이는 '도대체 뉴스는 얼마만큼 봐야 하는 거지?' 하고 생각한다. 오늘 풀기로 한 수학 문제를 다 풀고 나서 찬영이는 엄마에게 책을 읽어달라고 말했다. 엄마가 읽어주는 책은 찬영이가 읽는 것보다 훨씬 재미있다. 심지어 아빠도 엄마가 읽어주는 것은 눈으로 읽는 것보다 재미있다고 한 적도 있다. 그래서 수학 문제를 풀자마자 읽어달라고 『건방이의 초강력 수련기』를 들고 갔다. 그런데 엄마는 여전히 쇼핑이 안 끝

났는지 조금만 기다려달라고 한다. 벌써 10시가 다 되어간다.

"엄마 지금 읽어줘."

"거의 다 끝났어. 결제만 하면 돼."

그렇게 10분 넘어가고 있다.

"엄마!" 찬영이의 목소리가 높아진다.

"우리한테는 핸드폰이랑 유튜브 하지 말라고 하면서."

찬영이가 엄마에게 불만을 제기한다.

"야. 이거 지금 주문해야 내일모레 안에 온다니까. 조금만 기다려주라."

엄마가 애원하듯 말한다.

"안 돼. 벌써 20분이 다 돼가."

엄마도 시계를 보고는 흠칫 놀란다. 책을 읽어주기로 했는데 벌써 시간이 10시 반이 되어가는 것이다.

"찬영아. 내일 두 배로 읽어주면 안 될까?"

"안 돼. 약속이야."

찬영이의 단호한 말에 엄마도 꼬리를 내리고 책을 읽어주기 시작한다. 엄마가 읽어주는 소리를 녹음해서 듣는 걸 좋아하는 찬영이는 핸드폰으로 녹음까지 하면서 듣는다.

"건방이는 초아랑 대결을 하다가 그만 초아의 얼굴을 때리려다 멈칫했고, 오히려 초아에게 얻어맞고 뒹굴었습니다."[9]

엄마가 감칠맛 나게 읽어주자 찬영이는 언제 그랬냐는 듯 미소 띤 얼굴로 재미있게 듣는다. 물론 좀 더 '읽어달라', '내일 읽자'며 실랑이를 벌였지만, 다행히 아름답게 마무리된 저녁이었다.

문제는 다음날 벌어졌다.

"아빠. 보드게임 하자."

"뉴스 보는데."

"언제까지 보는데."

"한 10분."

"벌써 1시간 넘게 본 것 같은데, 아까는 당근마켓 보고 있었잖아. 쇼핑도 아니고 검색만 하면서. 빨리하자."

"조금만."

"지금 당장."

마지못해 아빠가 일어서서, "보드게임 가져와. 딱 30분만 하자. 뉴스 볼

---

9) 천효성, (2020) 비룡소 『건방이의 초강력 수련기』에서.

거 있다니까".

찬영이는 보드게임을 하러 가면서, 핸드폰엔 '엄마 아빠 핸드폰 시간 정하기'라고 재빨리 누르고는 보드게임을 들고 아빠에게 달려갔다.

안건: 핸드폰 사용 시간 정하기

수요일 가족회의가 있는 날.

아빠: 오늘 안건은 크게 두 개가 올라왔는데요. 첫 번째 안건은 찬영이가 설명해주세요.

찬영: 엄마 아빠 핸드폰 시간을 정했으면 좋겠어요.

하영: 나도 찬성.

재빨리 하영이까지 찬성한다.

엄마: 엄마는 쇼핑이 대부분이야.

찬영: 너무 많이 하잖아.

찬영이의 말에 엄마가 자기도 모르게 고개를 끄덕이다 혼자서 놀라 고개를 젓는다.

엄마: 그게 옷도 사야지, 먹거리도 사야지, 신발도 사야지. 음… 또. 암튼 코로나라서 마트나 시장에 최소한으로 가니까.

찬영: 그래도 너무 많아. 그리고 아빠도 마찬가지야. 뉴스랑 당근(마켓)을 너무 많이 해.

아빠: 뉴스는 꼭 봐야 하고, 당근도 싼 것 나올지 모르니깐.

하영: 그래도 아빠는 필요 없는 것 하는 것 같아. 엄마도 너무 많이 하고.

엄마: 그럼 어떻게 했으면 좋겠어?

찬영: 30분? 우리도 30분 하니까. 엄마도 30분.

엄마: 엄마는 쇼핑하려면 최소 1시간에서 2시간은 필요해. 그것도 먹는

것만 찾아서 주문해도.

찬영: 그럼 1시간.

엄마: 그럼 너희들 자고는 하게 해주라. 아니면 하영이 찬영이 옷이랑 간식도 못 사.

잠시 고민하던 찬영이는,

찬영: 좋아, 우리 잠들고 나서 10시 반에서 11시 넘어서 하는 것은 허락할게요.

엄마의 시간이 정해지자 아빠가 슬그머니 아빠 시간을 묻는다.

아빠: 그럼 아빠도 그렇게 하면 되겠니?

하영: 뉴스는 별로 필요 없지 않아? 당근은 거의 안 사고 보기만 하잖아.

하영이가 얼렁뚱땅 넘어가려는 아빠에게 필요 없지 않냐고 묻는다.

아빠: 아냐. 뉴스는 알아야 한다니까. 당근도 좋은 거 가끔 나와. 저번에 책상이랑 핸드폰 샀잖아.

찬영: 아빠는 30분.

찬영이가 아무리 생각해도 엄마만큼 필요 없다고 생각했는지 30분으로 딱 자른다.

아빠: 좋아. 그런데 일을 하거나 카톡 회의를 하는 시간은 뺀다. 요샌 무슨 카톡으로 회의가 많은지.

아빠는 괜히 회의 핑계를 대며, 최소한의 시간을 확보하기 위해 최선을 다한다.

아빠: 그럼 너희들 자고는 빼줘. 그때라도 뉴스를 맘껏 봐야 하니까.

하영이와 찬영이는 아빠를 보고는 뭐 그 정도는 하면서 고개를 끄덕인다. 그렇게 하여 엄마는 1시간, 아빠는 30분으로 핸드폰 하는 시간을 정했다.

기타 안건으로는 하영이가 찬영이와 아빠에게 장난식으로 손톱 찌르거나 꼬집는 일에 관해서 이야기하였는데, 찬영이에게는 하지 않기로, 아빠에게는 멈추라면 멈추기로 하였다. 혹시 아빠에게 장난을 걸고 싶으면 아빠도 살짝 아프니 하루 두 번만 하기로 이야기하였다.

일주일 뒤. 엄마는 회의 핑계를 대거나 중요한 물건 핫딜이 있다고 중간중간 핸드폰을 잡고 있긴 했지만, 그전처럼 핸드폰을 주구장창 들고 쇼핑과 뉴스를 보는 시간이 확실히 줄었다.

가족회의록

▲ 안건 및 결론

안건. 핸드폰 사용 시간 정하기

-결론: 엄마 1시간, 아빠 30분. 하영이와 찬영이 잠자고 나서 하기

기타 안건. 하영이가 손톱으로 자꾸 찔러요

-결론: 하영이가 찬영이와 아빠에게 손톱으로 찌르는 장난을 하지 않기로 함

▲ 우리 가족 생각

아빠: 뉴스와 전자책을 본다고 핸드폰을 나도 모르게 들고 있는 적이 너무 많다는 것을 뼈저리게 느끼게 되었고, 조금은 부끄럽고 모범을 보여야겠다는 생각을 많이 하게 된 회의였다. 핸드폰을 조금은 멀리하는 시간을 갖고 아이들에게 집중하거나 종이책이나 일기나 글을 쓰는 시간을 가지며, 아이들과 함께하면 좋겠다는 생각을 해 보았다.

엄마: 요즘 들어 핸드폰을 하는 시간을 늘어 아이들의 주장에 반성하는 바가 크다. 부모는 아이들의 거울이라던데, 내가 먼저 줄여야 우리 아이들에게 본보기가 되겠다고 생각하니 좀 줄여야겠다는 의욕이 샘솟는다. 꼭 필요한 쇼핑이나 검색을 제외하면 핸드폰 하는 시간을 줄여서 아이들과 보낼 수 있는 시간을 더 늘려야겠다.

하영: 난 개인적으로 아빠가 핸드폰 하는 것은 쓸데없는 것이지만, 엄마는 쇼핑을 해

서 내 입으로 맛있는 것이 들어와서 좋다.

찬영: 난 엄마와 아빠가 핸드폰을 하지 않았으면 좋겠다. 그리고 엄마 아빠가 핸드폰
　　　사용 시간 약속을 지켰으면 좋겠다.

▲ 사회자 한마디

아이들에게 불필요한 핸드폰을 하지 말라고 한다. 마찬가지로 부모들도 꼭 필요한 시간 이외에는 핸드폰 사용에 대한 가이드라인이 필요하다. 당연히 성인들은 알아서 해야 하겠지만, 핸드폰 사용 시간은 잘 지켜지지 않는다. 이에 대해 함께 시간을 정하여 회의하고 모범을 보이는 모습에서 자연스럽게 자녀들도 핸드폰 사용 시간 규칙에 자발적으로 참여하게 될 것이다.

▲ 오늘의 간식 치킨(찬영 Pick)

아빠가 공부한 내용

　가족회의 안건 과제의 대상은 아이들만이 아니다. 오히려 부모에 대한 문제점이나 불만, 혹은 건의사항을 충분히 말할 수 있는 분위기를 만드는 것이 중요하다. 이는 더욱 평등하고 수평적인 관계 속에서 가족회의를 진행할 수 있는 여건을 만든다.

　특히 핸드폰에 중독되어 있는 것은 아이들의 문제만이 아니다. 어른들이 먼저 핸드폰에 중독되어 있을 만큼 많은 시간을 이용하고 있을 수도 있다. 다만 심각성을 느끼지 못할 뿐일 것이다. 가족이 각자 핸드폰만 이용하고 있어 같은 공간에 있어도 대화를 전혀 하지 않는 모습의 공익광고가 있었다.

　가족의 현재 상황을 가족회의에서 논의하고 함께 규칙을 만드는 것이 필요하다. 그 규칙은 어른, 아이 할 것 없이 모두 동등하게 적용될 필요가

있다. 그 과정에서 부모가 솔선수범하며 실수를 도전의 과정으로 인식하고 용기를 주며 끊임없이 시도하도록 돕는 것이 중요하다.

아들러는 열등감에 대한 연구를 통해 인간이 열등감을 가지고 있지만 이를 극복함으로써 발전한다는 것을 강조했다.[10] 또 그러한 열등감 및 불완전함에도 주저앉거나 좌절하는 것이 아니라 용기를 내서 나아갈 수 있다는 것에 초점을 두었다.

이러한 불완전할 수 있는 용기를 갖는 것에는 많은 노력과 에너지가 요구된다. 이 노력에는 다른 어떤 것보다 포기하지 않고, 자기의 약점을 꾸준히 보완해나가는 것이 필요하다. 이러한 모습을 부모가 먼저 보여줄 수 있다면 그 자체만으로도 자녀들에게 격려가 될 수 있다. 나의 부족한 부분과 약점을 인정하고, 이를 이겨내기 위해 노력하는 모습에서 서로 힘이 되어 발전할 수 있을 것이다.

5) 안건이 하나도 없는데!

아빠는 오늘 가족회의에서 피자를 먹기로 했다는 것을 알고는 무슨 피자가 좋을지 찾고 있었다. 물론 찬영이가 정한 것이니까 찬영이가 최종 선택을 하겠지만, 그래도 어디 피자가 방문포장 세일을 가장 많이 하는지 찾아보려는 것이다.

아빠는 오랜만에 거실로 일찍 나온 찬영이를 보더니,

"찾았다. 찬영아 오늘 '7번가피자'가 40% 할인한다. 여기서 시키자."

---

10) Terry Kottman·Kristin Meany-Walen 공저, 진미경 공역, (2017) 『아들러 놀이치료』 59쪽 참조.

"아! 오늘 피자 먹기로 했지. 파인애플 들어간 것 있어?"

"음 잠시만…. 여기 있다. 그럼 여기서 오늘 시키는 것으로 한다."

"그래."

아빠는 '오늘은 간식을 미리 주문하고 바로 사 오면 되겠구나' 생각하고 식사한 뒤 출근했다.

회의가 시작하기 20분 전, 아빠는 피자집에 가서 피자를 포장해온다고 하더니 늦었다며 차 키를 들고 나갔다.

회의 시작 5분 전에 도착한 아빠는 식구들을 부른다.

"애들아, 간식 왔다. 가족회의 시작하자. 자기도 나와요."

아빠의 말에 식구들 각자 방에서 한 명씩 오기 시작한다.

"파인애플 피자 맞지?"

찬영이는 피자를 맞게 사 왔는지 확인을 한다. 아빠는 뭘 당연한 걸 묻냐는 표정으로, "당연하지" 하고 대답한다.

그때 엄마가 카톡을 보면서 아빠에게 묻는다.

"오늘 안건이 뭐예요?"

"몰라, 카톡에 안 올라왔어?"

"응, 하나도 없는데. 안건 생각한 건 있어요?"

"없는데, 일단 피자 먹으면서 생각해봐요."

아빠는 피자 식을 것을 걱정하면서 안건을 천천히 생각하기로 한다.

안건. 없다

피자를 먹으면서 가족회의가 시작되었다.

하영: 와! 파인애플 피자다.

하영이도 찬영이처럼 파인애플 피자를 가장 좋아해서 침을 입안 가득 넘

기며 피자를 들어서 입으로 가져간다.

　찬영: 내가 골랐다.

　찬영이가 누나에게 자기가 대견스러운 표정을 지으며, '잘했지!' 하는 눈짓을 준다.

　다들 피자를 한 조각씩 먹고 나자,

　엄마: 오늘 안건 카톡에 하나도 없는데, 다들 이야기할 안건 있니?

　엄마는 아빠를 보고, 아빠는 하영이를, 하영이는 찬영을 돌아가며 보았지만 다들 고개를 가로저었다.

　엄마: 나도 없는데, 다들 없어? 그럼 어떡하지?

　찬영: 피자만 먹으면 되지. 하하.

　찬영이가 회의도 안 하고 먹어서 더 좋다는 듯이 큰소리로 웃는다.

　엄마: 어쩔 수 없지. 그래도 지난주 회의에서 결정한 내용 점검은 해야 해.

하영이와 찬영이는 '그건 해야겠구나' 하면서 아쉬운 듯한 표정을 지었고, 아빠는 '그렇구나' 하면서 이번 주에 간식값만 날린 건 아니구나, 하고 생각했다.

엄마: 지난주 안건들은….

찬영: 잠깐. 아빠 몸무게.

찬영이의 말에 아빠는 피자를 벌써 두 조각에 콜라를 두 컵이나 마셨다는 것을 생각하고, 흠칫 놀란다. 일부러 저녁도 조금 먹었는데, 몸무게 재는 것을 잊어버리고 먹었다며, '망했네, 망했어'라는 말만 중얼거린다. 어쩔 수 없이 찬영이와 하영에게 이끌려 체중계 앞으로 갔고, 몸무게는 80.8kg.

아빠가 "이거 먹기 전에 80킬로 아래였어" 하고 항변했지만, 엄마는 이미 회의록에 80.8kg이라고 적었고, '간식 1주일 금지 추가. 밥 반으로'라는 말도 그 옆에 괄호를 하고 적었다. 계속 항변했지만 이미 먹은 것을 토해낼 수도 없다고 생각했는지 아예 피자를 하나 더 들어서 먹고 있다. 가족회의 때라도 간식을 먹을 수 있는 것에 감사해하면서 말이다. 엄마는 아빠 몸무게 재는 것으로 멈췄던 회의를 진행해간다.

엄마: 지난주 안건은 일곱 개였는데. 잘 지켜졌는지 살펴볼게요.

평소와 다르게 회의록을 담당했던 엄마가 사회를 진행했다.

지난주 결정사항(계획 점검사항 확인 포함)

1. 누나가 뾰족한 손톱으로 누르는 문제에 대해 다른 사람에게 하지 않기로 함. 아빠에게만 하루 두 번

2. 한자 공부 날마다 하기

3. 엄마, 아빠 말 잘 듣기

4. 여행 계획 실천(패밀리랜드, 회문산, 목포에 텐트 치기)

5. 멍멍이가 더워요. 대책 수립하기- 일주일 동안 고민하고 다시 이야기하기

6. 자동차에서 내릴 때 쓰레기 잘 가지고 내리기

7. 임마 과부히 해결(우쿨렐레 하는 시간 주기)

*아빠 몸무게 계속 재기

엄마: 먼저 하영이는 다른 사람 손톱으로 누르는 장난을 하지 않았나요?

찬영: 나한텐 거의 안 했어.

아빠: 하루 두 번 정도 하기로 한 만큼 했어.

엄마: 그럼 이것은 잘 지켜진 것으로 할게요.

엄마: 다음으로 한자공부 날마다 하기는 잘했나요? 오늘이 수요일이니까 오늘까지 다 해야 하는데.

찬영: 1챕터 남았어.

하영: 2챕터 남았어.

엄마: 음. 오늘 회의 끝나고 끝내세요.

찬영이와 하영이 둘 다 그렇게 하겠다고 고개를 끄덕인다.

엄마: 그럼 이것도 잘 지켜진 것으로 할게요. 다음은 엄마 아빠 말 듣기인데 잘 지켰나요?

아빠: 찬영이는 이틀 안 혼났어요.

엄마: 그러네. 거의 화도 내지 않고 말을 잘 들었어요. 하영이는 신경질을 여전히 내는데 하루 한 번 3분 정도 내는 것 같아요.

아빠: 찬영이 90점, 하영이 70점 정도?

하영: 난 90점인 것 같은데.

엄마: 그 전보다 줄어들고 잘 듣고 있으니 80점으로 해요. 그럼 찬영이 90점, 하영이 80점. 이것은 계속 지켜보는 것으로 해요.

아빠: 다음 안건은 여행 계획 실천이었어요.

엄마: 이건 지난주에 점검 안 했는데, 2주 전 어린이날은 놀이동산을 다

녀왔고, 그 주말에 회문산 휴양림을 다녀왔어요.

아빠: 지난주엔 외갓집 가서 캠핑을 했어요.

찬영: 잘 지켜졌네. 놀이동산은 아빠, 회문산은 엄마, 캠핑은 나.

엄마: 다음 주엔 쉬고, 그다음 주는 남원 캠핑이야. 이건 하영이가 계획 세워요.

하영: 좋아.

아빠: 다음 안건은 '멍멍이 더워요'인데, 그늘이 없어서 고민이었는데, 감나무가 커서 그늘이 생겼어요. 날이 엄청 더워지면 낮에 가끔 목욕시켜주면 될 것 같아요.

엄마: 그럼 멍멍이 안건은 통과. 다음은 차에서 내릴 때 쓰레기 갖고 내리기예요.

아빠: 난 잘 갖고 내려요.

찬영: 나도.

하영: 나도.

엄마: 그럼 이것도 잘 됨.

아빠: 마지막인데, 엄마의 과부하를 줄이기 위해 우쿨렐레 하는 시간 주기예요.

엄마: 우쿨렐레 배우고 목요일 늦게 왔고, 연습할 때 찬영이가 방해 안 했어요.

아빠: 이것도 잘 되었네.

엄마: 어, 끝났다.

엄마는 안건도 없는데 지난 안건을 점검하는 데 한 시간 넘게 한 것에 피곤함을 느끼고 쉬어야겠다고 말한다. 평소에는 지난 안건을 점검하는 데 20분 정도씩 걸렸는데 오늘은 안건이 없어 더 꼼꼼히 살펴서인지 한 시

산 넘게 걸린 것이다. 그래도 다들 대부분 저번 결정들을 잘 지켜진 것에 대한 안도와 함께 뿌듯함을 느끼며 회의를 마무리했다. 특히 아빠는 엄마에게 '가족회의하니까 괜찮지?' 하며 동의를 구했고, 엄마도 '나쁘지 않네' 하고 고개를 끄덕였다.

가족회의록

▲ 안건 및 결론

안건. 없음. 지난 안건 점검

▲ 우리 가족 생각

아빠: 안건이 없었지만 계속해서 실천하거나 잘 지켜지고 있는지 점검하는 활동이 가족회의의 중요한 코너가 된 것 같아서 그 중요성을 알게 되었다. 특히 안건들이 대부분 지켜지고 있다는 것에 놀랍기도 하고 가족회의의 강점이라고 생각되었다. 잔소리와 일시적인 지도는 정말 한 번 하고 마는 경우가 많은데, 함께 이야기하고 결정한 것을 지키기로 하고, 또 안 되면 다시 하기로 하면서 두어 번 회의를 거치면 가시적인 성과가 나타나는 것 같다. 오히려 우리 집 최장 프로젝트인 '아빠 간식 못 먹어'가 목표치까지 달성되지 않아서 노력을 더욱 기울여야겠다고 생각했다.

엄마: 안건이 없어도 지난주 회의 결과 점검하니까 시간이 훌쩍 지나갔다. 회의가 꼭 토론만 해야 하나? 그냥 소소하게 우리 이야기하는 시간을 가졌다는 것만으로도 참 좋은 시간이었다.

하영: '아빠 간식 못 먹어'는 전혀 변함이 없지만 그래도 주기적으로 계속 점검하면 언젠가는 되겠지, 하는 마음으로 하고 있다. 또 안건이 없으면 그 전 것을 점검하는 시간을 가지면 되기 때문에 아무 이상이 없는 것 같다는 생각도 든다.

찬영: 오늘은 안건이 없어 평소보다 가족회의가 빨리 끝나서 참 좋았다. 그리고 아빠 간식을 이렇게 계속 늘리면 아빠가 언제 제대로 간식을 먹을 수 있을지 참 궁금하고, 다음에도 가족회의가 빨리 끝나면 좋겠다. 그리고 계속 누나가 손톱으

로 나를 긁거나 누르지 않았으면 좋겠다.

아빠가 공부한 내용

가족회의에서 다루는 안건은 회사에서 생각하면 정말 하잘것없는 것일 수 있지만, 가정 내에서는 무척 첨예하고 중요한 일이 아닐 수 없다. '차에서 쓰레기 들고 내리기'라는 문제는 회사에선 매우 간단히 지켜진다. 일단 보는 눈이 많고 그것을 지속적으로 지키지 않으면 쫓겨나기 때문이다.

그러나 가정에서는 지키지 않아도 쫓겨나지 않는다는 것을 누구나 알고 있다. 그렇다고 자녀나 가족을 쫓아내라는 말이 아니다. 절대로 쫓아낸다는 말이나 생각조차 해서는 안 된다. 자녀는 가족의 소속감 속에서 안정을 느끼고 있고 그 안정감이 모든 분야에 영향을 미치기 때문에 오히려 소속감을 높이는 활동들이 필요하다.

문제는 소속감을 높이면서도 문제를 해결하기 위한 활동을 끊임없이 진행해야 한다는 것이다. 그래서 그 문제가 가족공동체에 기여한다는 데 초섬을 두고 끊임없이 격려해야 한다. 극단적인 조치는 어느 때 어느 순간에는 잘 될 수도 있다. 하지만 그것으로 뼈와 살과 마음이 다친다면 회복할 수 없는 상태에 놓일지도 모른다. 우리는 가족의 건강과 화목을 위해 자녀들의 자존감을 높이는 활동을 하면서 문제를 해결해야 한다. 느리더라도 계속해서 조금이라도 잘된 점을 찾고 격려해야 한다. 때론 잘 안되더라도 다시 시작할 용기를 북돋는 활동을 해나가야 한다. 느린 말이 천 리 간다는 말처럼 꾸준히 노력하면 목표를 이룰 수 있다. 이때 가족의 격려가 필요하며 좋은 결과도 좋지만, 노력한 과정이 더욱 소중하지 않을까?

가족회의에서도 안건의 유무를 떠나 가족이 한 주 동안 어떻게 생활했고, 어떤 활동을 위해 노력하였는지 찾아주고 격려할 것인가가 중요하다. 그 과정 속에서 자연스럽게 지난 안건의 결정이 잘 진행되며 지켜지고 있는지 확인하게 된다.

잘 안되었다고 낙담하기보다는 어떤 도움이 필요한지 계속해서 기다려주고 지지해주어야 한다. 한 번에 한 주만에 완벽하게 되면 더욱 좋겠지만 그것보다 꾸준히 조금씩 나아지고 지속되는 것이 더 훌륭하다. 간혹 한두 주 잘 되다가 안 될 때는 다시 안건을 제출하여 그 부분에 대해 논의하여 노력해가면 된다.

가족에게 '어떤 일의 실패'란 하나의 과정일 뿐이며, 그 실패의 과정은 좌절로 가지 않고, 노력과 용기를 거치면서 가족 모두의 성장으로 이어질 수 있다.

III
가족회의
Q&A

가족회의의 에피소드를 읽으며 궁금한 것들이 참 많을 것이라고 생각한다. '사회자 한마디' 와 '아빠가 공부한 내용'에서 에피소드별 설명과 안내를 하였지만, 가족회의 전반적인 내용 에 대한 팁들을 정리해보았다.

가족회의의 이론적 배경은 무엇인가요?

아들러 심리학에서는 가족의 문제를 가족회의에서 해결할 수 있다고 제 안합니다. 특히 아들러 심리학 전문가인 광주교육대학교 오익수 교수는 유치원 때부터 충분히 가족회의를 통해 가족에서의 문제를 함께 해결해 나갈 수 있다고 말합니다. 가족회의에서 맛있는 음식을 먹으며(특히 코로나 에도 가능하니 더욱더 강점이네요), 서로의 불만이나 문제점을 이야기하고 대안 을 제시하고, 노력해 나가는 것이죠. 또 아주 적은 노력과 변화에 가족 모 두가 관심을 둔다면 그 끝은 커다란 혁신이 될 것입니다. 여기서 필요한 것은 격려가 되겠죠. 가장 가까이 있는 부모님과 형제가 격려하고, 도움을 준다면 아이들의 자존감은 매우 높아지고, 어떠한 문제도 해결하는 힘이 생기지 않을까요?

민주적인 가족회의의 특징은 무엇인가요?

민주주의와 독재가 반대의 개념이듯 민주적인 가족회의는 힘이 센 누군 가의 횡포나 휘둘림을 경계합니다. 가족이라는 특수성에 맞추어 부모는 자기가 힘으로 억누르고 있진 않은지 끊임없이 살피는 노력이 필요합니다.

민주적인 가족회의는 가족 개인의 문제를 가족 구성원 전체의 문제로 가져오는 것을 그 시작으로 삼습니다. 문제를 공유하고 그 문제가 공동체 문제로 인식했을 때 문제가 풀리는 시발점이 되는 것입니다. 민주적인 가 족회의는 결정한 사람과 실천하는 사람이 동일합니다. 내가 직접 집에서 결정하고 그 집에서 실천하게 되는 것입니다. 따라서 그 실천이 직접 눈에 보이기 때문에 오히려 그 결정을 자주 바꾸지 않고, 결정이 때론 힘들고 불합리해 보여도 일단 따르는 훈련이 필요합니다.

이처럼 민주적인 가족회의는 어쩌면 가장 작은 단위이면서 가장 기본적인 직접 민주주의가 아닐까요? 그렇기에 오히려 가장 힘들고 어려우며 느릿하지만, 그 열매는 가장 아름답고 달콤할 것입니다.

민주적인 가족회의와 민주적인 학급회의는 공통점을 무엇인가요?

민주적인 가족회의와 민주적인 학급회의의 공통점은 모두 서로를 존중하는 가운데 진행한다는 것입니다. 누군가가 힘으로 자기 맘대로 하는 것이 아니라 회의의 규칙에 따라 각자의 책임감을 느끼고 가족과 학급의 문제를 스스로 해결해가겠다는 것을 의미합니다. 교사가 있고 부모님이 있지만, 교사 마음대로, 부모님 마음대로 하는 것이 아니라는 것도 포함합니다. 교사와 부모님은 더 많은 인생 경험을 가진 선생으로서 회의에 참여하는 구성원일 뿐입니다. 따라서 더 많은 배려와 격려를 해야 하는 의무를 갖게 된다고 볼 수 있습니다. 더욱 모범을 보이고, 민주적인 회의가 되도록 안내하는 역할을 해야 합니다. 또 구성원 모두는 가정과 학급에서 발생하는 문제를 모두 자신의 문제로 우리의 문제로 가져와서 함께 해결하겠다는 마음가짐에서 회의에 임해야 하는 것이 가장 중요합니다.

가족회의와 학급회의는 서로 도움을 줄 수 있나요?

이 질문은 형광펜으로 밑줄을 긋고 강조하고 싶은 부분입니다. 저자는 교사로서 '학부모 상담이나 학부모 교육 자료'를 전해야 할 때 '무슨 말씀을 드리면 좋을까?' 하고 되뇌곤 합니다. '자녀의 잘하는 점과 잘못하는 점은 이것이고 이렇게 지도해보세요'라는 말은 너무 피상적인 말이나 일회성 안내이지 않을까 생각하게 됩니다.

오히려 학부모 교육이라는 말을 학부모 협력이라는 말로 바꾸고 싶습니다. 학부모와 협력할 수 있는 것 자체가 핵심이지 않을까요? 입장을 바꾸어 학부모는 선생님과 협력할 수 있는 방법을 찾는 것을 가장 희망하지 않을까요? 서로 믿지 못하고 서로 오해하여 협력하지 못한다면 그 피해는 오롯이 학생에게 전가될 것입니다. 그 책임은 선생님과 학부모 모두에 있을 것입니다. 특히 처음 교직에 들어선 선생님이라면 학부모와 어떻게 하면 협력할 수 있을지 생각하고 학부모를 대한다면 가장 좋은 학부모 상담과 안내의 방향이 될 것입니다. 학부모도 선생님과 협력할 수 있는 것을 묻고 함께 실천해 간다면 그 효과는 각자 따로따로 하는 것보다 제곱 이상의 성과가 나타날 것입니다.

가족회의의 안내는 좋은 학부모 협력의 주제가 될 수 있습니다. 가족회의 방법을 학부모에게 안내해 자녀 문제를 학교와 가정에서 함께 살피는 것입니다. 여기서 간과하지 말아야 할 것은 서로에게 신뢰가 바탕이 되었을 때 비로소 가능하다는 것입니다.

이러한 가족회의의 공유에서 시작된 학부모와의 협력은 가족회의와 학급회의의 연계에서 큰 시너지를 낼 수 있습니다. 가족회의가 잘 연습된 아이는 학급회의에서 누구보다 적극적이며 민주적인 의사 진행을 해나갈 것은 자명한 일입니다. 나아가 학급회의에서 적극적인 학생도 가족회의에서 수준 높은 의견과 실천을 해나갈 것입니다.

가족회의는 구성원이 가진 안정성이 가장 큰 장점이기에 그 장점 속에서 뚜렷한 성과가 나올 것입니다. 오히려 학급회의는 담임교사가 여러 명을 지도하기에 그 결과가 늦게 나타나거나 즉각적인 피드백이 어려울 수 있습니다. 그런 면에서 가족회의가 회의문화와 민주시민의 자질을 키워나가는 데 매우 높은 효율성을 지닙니다.

따라서 가족회의와 학급회의는 장소는 다르지만 유사한 형식을 바탕으로 각각의 장점을 통해 서로에게 상승작용과 더불어 선순환할 수 있습니다. 사회에서 민주시민의 자질을 배우는 큰 쌍두마차라는 점을 염두에 두어 교사와 학부모가 함께 협력해간다면 매우 큰 효과를 발휘할 것입니다.

가족회의를 즐기는 방법은 무엇인가요?

가족회의가 기다려지는 방법은 무엇일까요? 서로 웃으며 안부를 묻고 걱정해주며 가족애를 높이는 방법은 무엇일까요?

먼저 격려하는 것입니다. 격려는 잘하지 못해도 괜찮습니다. 아주 적은 노력과 시도를 알아주는 분위기가 중요합니다. 지난 모임부터 지금까지 실천한 것을 격려하는 것으로 시작하는 것이 가장 중요합니다. 이것은 억지로 할 필요 없이 어떻게 실천했는지 묻는 과정에서 자연스럽게 접근할 수 있고, 그 따뜻한 분위기는 '아! 가족 모임은 꼭 참석하고 싶다'라는 마음을 갖게 할 것입니다.

둘째로 맛있는 음식을 준비합니다. 맛있는 음식 앞에서는 누구든 무장해제됩니다. 맛있는 간식을 먹거나 만찬과 함께하는 가족회의는 누구든 참석하고 싶을 것입니다. 가족회의를 기다리는 것이 아니라 간식타임을 기다리는 것도 괜찮습니다. 서로를 격려하는 가족회의가 간식과 음식 뒤로 밀려나서 아쉬울 수 있지만, 가족회의는 그래도 괜찮습니다. 가족이 함께 즐겁고 맛있는 음식을 먹는 것보다 더 위안이 되고 기쁨을 얻는 것이 또 있을까요. 엄마가 만들어준 따뜻하고 맛있는 음식이라면 금상첨화겠지만, 맛있는 간식을 사 와서 먹는 것도 충분히 훌륭합니다. 엄마는 오히려 사

오는 것을 좋아할지도 모릅니다. 우리 집에서는 아빠의 요리가 '꽝'이라서 이런 예를 든 것이니 오해하지는 말아주세요.

마지막으로 매 분기 개근 선물이나 주기적인 선물 교환도 가족회의를 좀 더 즐겁게 할 수 있을 것이라고 추천하고 싶습니다. 또는 용돈을 가족회의 때 준다면 아이들은 분명 일주일 또는 한 달 내내 가족회의만 기다릴 수도 있습니다. 아직 실시하고 있진 않은데, 선물을 주고받거나 가족회의 때 용돈을 주는 것도 안건 목록에 올려봅니다.

가족회의는 어떤 측면에서 교육적일까요?

무엇보다 민주시민의식을 높이고, 가족의 협력을 향상시키고, 함께 가족의 문제를 진지하게 이야기할 수 있는 시간을 늘려준다는 면을 우선으로 꼽고 싶습니다. 좀 더 근본적으로는 가족회의의 방식이 교육적이라고 소개하고 싶습니다. 아무리 교육적으로 좋은 것도 억지로 강압적으로 하는 것은 자주성을 해칩니다. 또한 문제에 대해 진심으로 다가가서 해결하는 데 도움이 되지 않습니다. 민주적인 문제 해결 과정을 가정에서 실천한다면 큰 경험과 도움이 될 것입니다.

가족회의의 장점과 효과를 극대화하는 방법은 무엇일까요?

이 질문에 대한 답변은 저자도 항상 고민하며, 시행착오도 거치며 끊임없이 시도하고 있습니다. 정답이라기보다는 시행착오와 아이디어를 바탕으로 우리 가족에게 효과적인 방법들을 탐구합니다. 가족회의를 해나가면서 장점을 극대화하는 방법에 대해 몇 가지 소개해보겠습니다.

먼저 가족회의를 마칠 때 소감을 듣는 것입니다. 이는 얼마나 가족이나 자녀들이 가족회의를 통해서 많은 것을 느끼고 노력하고 있는지 직접 귀로 듣고 눈으로 보게 될 것이다.

둘째, 안건과 결론을 가족 단톡방에 올리는 것입니다. 안건과 회의결과가 실시간 올라가는 것을 통해 평상시에 확인하면서 회의의 결과 문제 해결의 과정을 공유할 수 있습니다.

셋째, 회의하고 나서 다음 주에 꼭 그 실행 결과에 관해 확인하는 것입니다. 그 확인은 한 주가 될 수도 있고, 매주가 될 수도 있습니다. 서로 의논하여 그 기간을 설정하는 것도 도움이 됩니다. 이 이외에도 가족회의에 대한 아이디어들을 매번 합의를 통해 실시하면서 끊임없이 찾아보는 것을 추천하고 싶습니다.

가족회의의 목표를 어디에 두면 좋을까요?

스마트폰만 보며 대화하지 않는 가족이라면, 깊이 있는 대화를 원할 것입니다. 가족회의 속에서 진솔한 대화가 이루어지면 원하던 바를 얻을 수 있습니다. 많은 부모가 이러한 일을 목표하고 이 책을 펼치지 않았을까요? 요즘 4학년이나 5학년부터 이른 사춘기가 시작됨을 느끼는 부모들이 많습니다. 자녀들과 점점 대화도 적어지는 것을 느꼈다면 깊이 있고 진솔한 대화를 가족회의의 목표로 정할 수도 있습니다. 우리 가족도 사춘기에 접어든 첫째와 잔소리가 아닌 대화를 좀 더 많이 할 수 있도록 만들어준 것이 가족회의가 아닌가, 스스로 평가해보기도 합니다.

가족회의의 결정내용을 실천할 때 중요한 것은 무엇일까요?

가족은 같이 생활하기 때문에 가까이에서 순간순간 확인되는 과정을 거치게 됩니다. 따라서 매 순간 평가하지 않는 것이 필요합니다. 즉 평가는 보류하고 최소한 다음 회의까지 지켜보는 과정이 필요합니다. 왜냐하면 그 평가는 잔소리가 되는 경우가 대부분이기 때문입니다. 따라서 다음 회의까지 지켜보고 그때 더 좋은 방법을 제시한다면 상대방도 그 내용을 더 진지하게 받아들일 수 있습니다. 스스로 노력하는 과정과 지켜보는 과정에서 더욱 실천 동기를 살려 나갈 수 있을 것입니다.

우리 가족은 아빠의 살 빼기 프로젝트가 매우 큰 2021년 1분기 과제였는데, 순간의 잔소리보다는 지켜보면서 격려하는 것이 더 큰 동기가 됨을 느꼈습니다. 먹지 말라고 하는 것도 걱정과 염려와 사랑의 말이지만 오히려 그 스트레스로 우유 한 잔, 과자 한 개를 더 몰래 먹고 싶은 충동이 커지곤 했습니다. 이는 실천하는 사람에겐 참기 힘들고 어렵게 합니다. 스스로 실천하도록 지적하는 말은 다음 회의 때까지 기다렸다가 격려의 말과 함께 전달해주는 것이 목표 체중까지 참고 운동을 하겠다는 의욕을 훨씬 더 강하게 만들어주곤 합니다.

임시 가족회의를 해도 되나요?

정기적인 가족회의가 가장 좋지만, 때론 갑자기 가족회의가 필요할 수 있습니다. 다만 이것은 최소한으로 하는 것이 좋습니다. 가족회의를 핑계로 혼을 낼 수 있는 여지가 무척 많거든요. 갑자기 여행을 가야 하거나, 서로의 주장이 부딪혀 조정이 필요한 경우, 규칙을 정하지 않으면 곤란하여 꼭 정해야 하는 경우 등 불가피한 경우에 하는 것이 좋아요. 당연히 구성원 모두의 동의가 필수이겠지요.

가족회의에서 정한 것 수정해도 되나요?

한 번 정해진 가족회의의 결과는 일주일 동안 변경하지 않도록 하는 것이 중요합니다. 계속해서 수정하고, 시시때때로 바꾼다면 가족회의에서 결정한다는 원칙이 무너질 수 있어요. 그만큼 가족회의에서 정할 때는 책임이 따른다는 것을 모두 인지해야 합니다. 예를 들어, 저녁 늦게까지 간식이나 야식을 먹어서 저녁 8시 이후는 간식을 안 먹기로 정했다면, 누군가 설령 치킨을 들고 왔다고 하더라도 냉장고에 넣어두었다가 내일 먹어야겠지요. (무척 아쉽지만요.) 다음 주 회의 때 당장 예외조항을 만들거나 시간을 바꾸는 것이 좋습니다.

지난주 정한 것 하나도 실천하지 않았는데 괜찮을까요?

우리가 가족회의 등 여러 회의에서 결정된 사항을 실천하지 못한 것이 있을 수 있습니다. 그렇다고 그냥 포기해야 할까요? 의미 없이 시간 낭비 아니야? 이런 생각을 하게 될 수도 있습니다. 하지만 시작이 반이란 말이 있듯이 문제 해결은 한 번에 또는 한 주만에 되지 않는 경우도 매우 많습니다. 중요한 것은 포기하지 않고, 지난주 안 된 것은 왜 안 되었는지 알아보고 다시 계획을 세우는 것입니다.

더 중요한 것이 있는데요. 실천한 것이 있는지 잘 찾아보는 것입니다. 분명히 조금이라도 노력한 것이 있을 것입니다. 조금이라도 시도한 것이 있을 것입니다. 그것에 관심갖는 것이 중요합니다. 100을 목표로 하였는데, 고작 1이나 2밖에 한 것이 아니라 1이나 2만큼 성공하거나 노력한 것에 초점을 두고 격려하는 것이 중요합니다.

아이들이 서로 싸우지 않고, 건들지 않기로 했는데, 싸우고 건드는 일이 발생했다고 생각해봅시다. 이 문제가 회의 한 번으로 싸우지 않고, 건들지 않게 될까요. 그렇다면 매우 환상적이겠지만, 그런 경우는 그리 많지 않습니다. 오히려 순진한 생각일 수 있습니다.

더 중요한 것은 얼마만큼 노력했는지 알아주고, 얼마만큼 참았는지 공감해주고, 얼마만큼 나아졌는지 살펴보고 격려하는 것입니다. 그 노력에 용기를 북돋아 주는 것입니다. 이것이 가족회의를 성공으로 이끄는 지름길이 될 것입니다.

가족회의를 위한 공부가 필요한가요?

무슨 일이든 공부를 한다면 더욱 수준이 높아집니다. 저 같은 경우에는 아들러 스터디 모임에서 배운 부분을 적용하며 그 바탕 위에서 가족회의를 운영해 나가고자 하였습니다. 꾸준히 스터디 모임을 하면서 자연스럽게 공부가 되어 기본적인 이론적 배경에 대해 고민하지 않았습니다. 따라서 아들러 심리학에 대해서 낯설거나 평소 생각과 달라 공감되지 않는다면 『격려하는 선생님』이나 『교사를 위한 아들러 심리학』 같은 책을 추천하고 싶습니다. 또 참고도서 중에서 아들러 심리학과 관련된 책들도 도움이 될 것이라고 생각합니다.

책을 쓰면서 '아빠가 공부한 내용'을 정리하기 위해 여러 책을 찾아보며 많은 아이디어를 얻었습니다. 물론 아들러 심리학 및 교수·학습 적용과 관련된 책은 스터디에서 많이 공부했기 때문에 참고하기 쉬웠지만, 그 외에도 '독서교육'이나 '미니멀라이프'의 예시처럼, 가족회의 안건과 관련된 책이나 자료들을 회의 전후에 읽어본다면 큰 도움이 될 것이라고 생각합니다. 그것을 바탕으로 안건을 다시 수정하여 적용하거나 우리 가족에게 딱 맞는 방법을 찾는다면 매우 효과적일 것입니다.

가족회의가 우리 가족을
어떻게 달라지게 할까?

책을 쓰면서 가족회의 에피소드들을 정리하고 있는데 딸이 물었다.

"아빠! 왜 우리 가족회의 했던 말들과 조금씩 달라요?"

"그건, 회의록은 간단히 적어놓았고, 그것을 바탕으로 기억을 떠올려 적다 보니까 대사가 다를 수 있어. 내용은 우리가 이야기했던 것 맞지 않니?"

"음. 맞네요."

"아 참, 하나 궁금한 게 있는데, 가족회의하면서 뭐가 가장 좋았어?"

"당연히 간식이죠."

"하하하, 두 번째는?"

"음. 내 말을 잘 들어주는 것."

"가족회의에서 이야기하면 네 말을 잘 들어준다는 거지?"

"네~."

"그럼, 가족회의 계속할 거지?"

"그래요~."

딸이 아빠에게 했던 말은 왜 풀어쓰는 녹취록처럼 똑같이 적지 않냐고 하며 했던 말이다. 이야기를 좀 더 매끄럽게 풀어쓰면서 하영이 말과 생각이 조금은 다르게 표현되기도 하였지만, 가족회의에서 다루었던 내용을 좀 더 실감나게 전달하기 위해 살짝 수정하였을 뿐 가족회의의 안건들과 내용은 최대한 충실히 적기 위해 노력하였다.

누구나 가족회의를 통해 가족끼리 수평적인 관계 속에서 가족 공동체를 위해 함께 노력한다면 어떤 형태와 모습이든 민주적인 가족회의라고 생각한다. 때론 좌절하기도, 때론 바로 다시 수정하거나 보류되기도 하는 많은 안건과 일이 있을 것이다. 하지만 그 과정을 더욱 소중히 하고, 함께함으로써 가족 간의 애정을 느끼고, 가까워지며, 진솔한 대화가 늘어간다면 그 자체만으로도 소중한 시간이 될 것이다.

만약 그 안에서 해결하지 못할 정도로 커다란 문제라면, 가족을 벗어나 학교와 지역사회, 병원이나 상담소, 주변 지인들을 통해 보다 근본적인 해결을 찾아보면 좋겠다. 단순히 해결하지 못할 거라고 곪아 터져 썩어 문드러지도록 놓아두는 것은 더 큰 대가를 요구할 수 있기 때문이다. 문제가 있다면 그것을 씻고, 소독하고 치료해야 건강하게 지내는 것은 당연한 진리 아닐까. 나아가 즐겁고 행복한 일을 함께 계획 세우고, 만들어가면 그 기쁨과 추억은 수십 배가 될 것이다. 가족과 함께하는 시간은 영원할 순 없겠지만 그 순간의 행복과 기억은 이 세상 무엇과도 바꿀 수 없는 보물

이 될 것이다. 아이들이 어릴수록 더욱 그러하지 않을까 생각한다.

우리 가족회의 총평

아빠 문득 가족회의에서 안건과 문제 제공자가 아빠인 것 같고, 가장 큰 수혜자 또한 아빠인 것 같다. 뭐든 정리하지 않고, 엉성하게 하는 것들로 집안을 어수선하게 한 것이 가족회의 안건 중 많은 부분이었다는 생각이 들기 때문이다. 역설적으로 가족회의를 통해 가장 큰 변화가 되고 변화로 인한 에너지를 받게 된 것 또한 아빠인 것 같다. 가족들에게 무엇보다 '고맙고 사랑한다'고 말하고 싶다.

엄마 사실 회의는 귀찮다. 시간을 할애해야 하고, 하기 싫어하는 아이들도 설득해야 한다. 하지만 하는 도중에 아이들이 일주일 동안 잘 된 것들을 되돌아보고 힘을 얻고 또 불편한 것들을 스스로 해결해보려고 하는 부분에서 도움이 되는 것 같다. 특히 가족회의가 서로 대화의 시간을 마련해 주는 부분에서는 큰 이점이 되는 것 같다. 아이들이 가족 일에 관심을 가지고 자신의 생각을 말해보고 스스로 고쳐야겠다고 다짐하면서 조금은 성장하지 않았을까 생각한다. 나 자신도 아이들의 생각을 더 들을 수 있고 아이들에 대해 더 알게 되어 좋았다.

하영 가족회의를 하면 간식을 먹을 수 있다. 그것은 참 좋다. 정말 정말 사소한 일 하나는 어쩌다 한 번 잠깐 해결될 수도 있지만, 완전하게 해결되지는 않는다. 특히 사이가 안 좋은 사람과 회의하면 가족회의가 아니라 전쟁이 될 수 있다. 하지만 가족과 이야기해볼 시간이 있어 아주 조금은 도움이 된다고 봐도 좋다. 가족회의는 필요하다. 왜냐하면 유일하게 가족이 모두 보는 앞에서 나를 건든 사람이 저지른 일을 당당하게 말할 수 있어서 덜 스트레스 쌓이기 때문이다. 혹시라도 집에 나를 건드는 사람이 있으면 다른 사람을 위해서라도 말하는 게 좋다고 본다.

찬영 가족회의는 재미없다. 하지만 딱 한 가지 좋은 것은 바로 계속 간식을 준다는 것이다. 그리고 해결은 그렇게 많이도 안 되는 것 같다. 가족회의 시간이 길어지면 짜증 날 수 있기 때문에 간식을 더 많이 주어야 한다고 생각한다. 또 누나와 사이가 정말 안 좋다. 하지만 이렇게 안 좋은 경우라도 가족회의를 통해 해결하는 것도 괜찮은 것 같다.

가족의 건강한 소통을 촉진해주는

건강한 가족은 서로의 기대와 요구를 경청하고 조정해가면서 합리적이고 유연한 가족 규칙을 만들고 이를 존중한다. 건강한 가족은 가족생활 중 나타나는 다양한 불편함과 어려움, 문제를 공유하고, 서로 머리를 맞대고 함께 해결방안을 모색하고, 서로 배려하고 협력하고 돌보는 행동을 합의하고 실천한다. 이러한 과정을 효과적으로 실행하기 위하여 아들러심리학은 정기적인 가족회의를 적극 추천한다.

이 책은 아들러심리학에서 제안한 가족회의를 실제 실천하며 겪은 내용을 삶의 현장과 버무려 생생하게 보여준다. 2년 가까이 가족들이 가족회의를 꾸준히 실천하며 생기는 여러 가지 일들을 꾸밈없이 소개하고 있다. 가족회의가 가족의 소통의 장이 되고 갈등이 줄이며 서로를 이해하는 데 도움이 된다고 말하고 있다.

가족회의는 가족의 문제를 넘어서서 가족의 건강한 소통을 촉진해준다. 나아가 민주적인 방식으로 운영되는 민주적인 가족회의는 가족구성원 각자가 민주시민으로 성장하는데 큰 도움이 된다. 이 책을 통해 독자들이 가족회의에 입문하고, 가족 간의 건강한 소통을 늘리고, 성숙한 가족으로 나아가는 데 큰 도움이 되었으면 좋겠다.

— 오익수(광주교대 명예교수·상담센터 상담교수, 한국아들러상담학회 부회장)

민주적인 가족이 되려는 작은 용기

　누구보다 회의가 익숙한 사람들의 낯선 가족회의 기록. 학교에서 숱하게 회의를 했을 아이들과 평소 많은 회의를 하는 엄마, 아빠이지만 가족회의는 정말 낯설고 두렵다. 집에서 일어나는 모든 상황들을 머리 맞대고 고군분투하는 모습은 정말 정겹고 아름답다. 회의를 통해 성장하는 모습이 독자의 눈에도 금방 보인다. 그러한 노력은 용기로 이어진다. 완벽하지 않아도 도전하는 모습에서 '불완전할 용기'는 실체를 드러내는 것 같다. 가족회의를 하고 싶은 용기가 필요한 가족이 이 책을 만난다면 정말 든든할 것이다. 왜냐면 이 회의는 특별한 가족의 이야기가 아니라 우리 모두의 모습을 담고 있기 때문이다.

　또한 정말 보물 같은 이야기다. 분명히 김선우 선생님 가족의 이야기일진데, 모든 가족의 이야기로 읽힌다. 가족회의라는 익숙한 주제가 이렇게 생생하게 다가올지 몰랐다. 읽는 동안 깨달은 한 가지는 머리로 아는 것과 실제로 아는 것은 다르다는 것이다. 아이들은 이 기록을 통해 자신들의 성장도 깨닫겠지만, 아빠 엄마의 노력과 성장도 깨닫게 될 것이다. 이 소중한 기록이 많은 가족들에게도 작은 용기를 줄 것 같다. 민주적인 가족이 되려는 용기 말이다.

　— 이해중(운암초등학교 교사)

"우리 가족회의 해요"

이 책은 우리가 가족회의를 함으로써 가족끼리 소통하고 민주적으로 회의하는 법을 알려주는 책이다. 평소에 가족 간의 말이 없거나 자주 다툼이 일어난다면 이 책을 읽고 가족회의를 하면서 서로 친해지고 행복한 가족을 만들면 좋을 것 같다. 가족과 소통하고 다툼을 해결하고 싶은 사람들에게 적극적으로 이 책을 추천한다.

— 하빈(가족회의를 통해 해결력을 키운 함께저자)

참고문헌

루돌프 드라이커스, 비키 솔츠(2012) 『민주적인 부모가 된다는 것』, 학지사
리처드 칼슨, 『당신은 나의 가족입니다』, 국일미디어
알랭 드 보통, 정영목 역(2011), 『여행의 기술』, 청미래
알프레드 아들러, 신진철 역(2015) 『가족이란 무엇인가』 소울메이트
에린남(2020), 『집안 일이 귀찮아서 미니멀리스트가 되기로 했다』, 상상출판
유리향, 선영운, 오익수(2018), 학지사
이해중, 김정희, 김선희, 김선우, 조회진, 강지영, 오익수(2017), 『격려하는 선생님』, 학지사
이해중(2020) 『교실 심리학』, 푸른칠판
전도근(2016) 『다산에게 인생을 배우다』, 북스타
제인 넬슨, 박예진 옮김, (2016), 『아들러의 긍정 훈육법』, 학지사
천효성(2020) 『건방이의 초강력 수련기』, 비룡소
테리 코트만·크리스틴 미니월렌 공저, 진미경 공역, (2017) 『아들러 놀이치료』, 학지사
Amy Lew, Betty Lou Bettner(1996) 『A parent's guide to understanding and motivating
children』, Connexions Press.
Dreikurs, R., Grunwald, B. B., & Pepper, F. C.(1998). Maintaining sanity in the classroom:
Classroom management techniques(2nd ed.). Philadelphia, PA: Accelerated Development.
KBS운동장프로젝트 제작팀(2018), 『운동하는 아이가 행복하다』, 해냄